U0743973

金砖国家贸易便利化研究丛书

金砖国家照明电器认证与准入研究

浙江省标准化研究院 上海海关 编著

浙江工商大学出版社
ZHEJIANG GONGSHANG UNIVERSITY PRESS

·杭州·

图书在版编目（CIP）数据

金砖国家照明电器认证与准入研究 ／ 浙江省标准化研究院，上海海关编著. — 杭州 ：浙江工商大学出版社，2021.10

（金砖国家贸易便利化研究丛书）

ISBN 978-7-5178-4678-9

Ⅰ．①金… Ⅱ．①浙… ②上… Ⅲ．①日用电气器具－国际贸易－研究－世界 Ⅳ．①F746.45

中国版本图书馆CIP数据核字(2021)第204307号

金砖国家照明电器认证与准入研究

JINZHUAN GUOJIA ZHAOMING DIANQI RENZHENG YU ZHUNRU YANJIU

浙江省标准化研究院　上海海关　编著

责任编辑	张　玲
封面设计	尚阅文化
责任印制	包建辉
出版发行	浙江工商大学出版社
	（杭州市教工路198号　邮政编码310012）
	（E-mail：zjgsupress@163.com）
	（网址：http://www.zjgsupress.com）
	电话：0571-88904980，88831806（传真）
排　　版	杭州彩地电脑图文有限公司
印　　刷	杭州宏雅印刷有限公司
开　　本	787 mm×1092 mm　1/16
印　　张	10.5
字　　数	176千
版 印 次	2021年10月第1版　2021年10月第1次印刷
书　　号	ISBN 978-7-5178-4678-9
定　　价	45.00元

版权所有　侵权必究

如发现印装质量问题，影响阅读，请和营销与发行中心联系调换

联系电话：0571-88904970

"金砖国家贸易便利化研究丛书"编写指导委员会

主　　任：陈自力

副主任：徐高清

委　　员：王　红　毛远庆　唐建辉　孙雅和

本书编委会

主　　编：于　俊　周树华

副主编：彭　莉　李　惠

编写人员：李心楠　陈怡晨　袁李璟一

　　　　　吴　鹏　吕　宁　林　斌

　　　　　李前义

前　　言

　　本书是在金砖国家合作第一个"金色十年"中取得耀眼成绩的时代背景下编写的。十年间，金砖国家经济总量占全球经济比重从12%上升到23%，对世界经济增长的贡献率超过50%。同时，本书聚焦照明电器领域，是基于当前中国已成为金砖国家照明电器主要进口来源的现实基础，目的是向国内外照明产品生产者、消费者、销售者、进口商等提供金砖国家全面的标准、法规和认证等市场准入的相关常识，为企业进一步拓宽金砖国家照明电器领域市场提供技术支撑，为有关政府部门开展监管工作提供理论支持，为相关组织和研究机构开展研究工作提供参考。本书共分五章：第一章介绍金砖国家照明电器产业发展现状；第二章全面介绍金砖国家照明电器产品标准法规概况及相关监管机构情况；第三章介绍金砖国家照明电器产品认证概况及相关认证机构；第四章结合金砖各国通过世贸组织发布的TBT通报信息分析各国照明电器准入趋势；第五章从监管机制、标准法规和认证等层面对金砖国家照明电器领域准入要求进行比对，分析我国照明电器领域在标准、认证等领域存在的问题，并提出进一步推进和完善我国照明电器产品贸易便利化的建议。

　　在不断兴起的"走出去"浪潮中，照明企业已经成为金砖国家市场上一道亮眼的风景。回眸过去的"金色十年"，凭借成本优势，我国照明产品已逐渐成为金砖国家进口的主要来源。审视当下，进一步拥抱金砖国家，将是"微利时代"避免同质化竞争的最佳选择。展望未来，照明企业要以技术为刃，以创新为驱动，以知识产权为盾，摆脱"代加工"帽子，真正实现产品"走出去"战略，迎接更富活力的第二个"金色十年"。

目　录

1

照明电器产业概况

1.1 国际照明电器产业发展现状

照明电器产品包括电光源产品、灯具产品、灯用电器附件（镇流器）产品以及其他照明器具产品。根据光源的种类，它可以分为荧光灯、白炽灯、金卤灯、高压钠灯、卤钨灯及发光二极管灯（LED）等；根据照明原理，可分为热辐射光源、低气压放电光源、高强度放电光源及固态照明光源四类；按最终用户类型，又可以分为住宅照明、商用照明、户外照明、工业照明等。

从消费需求来源看，翻新是照明电器市场需求的大头，且翻新用的照明产品主要为LED灯，由于消费者对LED灯优势认识的不断提高，LED灯正在迅速取代传统的照明系统。除了欧盟、美国、日本等发达国家和地区保持着较高的市场需求外，以中国、印度、俄罗斯、巴西等为代表的发展中国家，由于其正处于蓬勃发展阶段，建筑照明需求激增，已成为全球LED照明市场的重要组成部分。

从品牌分布情况看，全球照明市场的主要品牌包括：施耐德电气，松下，飞利浦，通用电气，欧司朗，科锐，伊顿，普瑞光电，Acuity Brands，Citizens Electronics，Selux Corp，Zumtobel Group AG，Signify Holding，Wipro Lighting，Häfele，Hubbell，Amerlux，Decon Lighting Pvt.LTD，3G lighting，NICOR lighting，Axis lighting，Louis Poulsen，Vantage lighting，SPI lighting等。目前半导体照明产业已形成以美国、亚洲、欧洲三大区域为主导的三足鼎立的产业分布与竞争格局，其中，中国已经发展为实质性的国内和全球照明电器制造基地。

从行业发展趋势看，智能、节能等照明产品是未来照明电器产品发展趋势。其中，智能照明行业已经从模拟系统转变为数字系统，用户可以控制和监视光效率。具有高级传感器的无线照明、调光器和控制设备将越来越符合现代消费者的需求。在节能照明行业，随着越来越多的国家加入碳达峰、碳中和的计划，各国政府对低能耗计划的支持也刺激了对照明设备的更新换代需求。以印度为例，印度政府提出的有关用高效节能灯替换所有低效灯泡的UJALA计划自2015年实施以来，各地已分发超过3.613亿个LED灯泡。

总体来看，国际照明电器产业已较为成熟，当前照明电器产品供应充足且价格竞争激烈，这也给制造商带来了压力。竞争的结果有利于消费者和环境，但不可忽视的是，标准法规的制定和执行是保障产品合规性及贸易便利性的关键因素。

1.2 金砖国家照明电器产业发展现状

1.2.1 中国照明电器产业发展现状

中国照明产业经历了快速成长的黄金十年（1999—2009），产业规模得到最大化扩张，企业数量也增长迅速。在中国照明产业规模不断扩大的同时，国内照明企业的规模也在同步扩大。21世纪初期，中国的照明企业产值达到亿元的企业寥寥无几；而目前产值达到亿元以上的生产企业不胜枚举，十几亿产值以上的企业也有数十家。与此同时，中国照明行业规模以上企业数量自2015年起呈现了增幅下滑的态势，到了2019年，只有2775家，出现了负增长，同比2018年的2820家下滑了1.60%。这是因为一方面新进入的企业在减少，另一方面部分经营不善的企业在逐步退出。从区域分布看，广东、浙江、福建、江苏、上海是中国照明产品生产及出口的主要省市。

在品牌方面，中国照明行业呈现出高度分散性。目前中国有超过10000家国内品牌公司，一线品牌包括雷士、TCL、佛山照明、阳光照明、欧普等。本土产品的品牌影响力和渠道控制力普遍较弱，尤其在商业及照明工程领域与全球品牌企业相比仍有一定的差距。

在进口方面，根据联合国商品贸易统计数据库信息[①]，2020年中国进口电光源、灯具及照明配件产品7.25亿美元。其中，进口电光源2.27亿美元，灯具产品2.83亿美元，照明配件2.15亿美元。在进口的电光源中，HID灯（HS：853932）0.77亿美元，卤钨灯（HS：853921）0.62亿美元，白炽灯（HS：853922和853929）0.43亿美元，LED灯（HS：853950）0.37亿美元，热阴极荧光灯（HS：853931）0.08亿美元。各类电光源产品进口额占比如图1-1所示，HID灯进口额占比33.92%，占比最大，其次是卤钨灯和白炽灯，占比分别为27.31%和18.94%。

---

① 联合国商品贸易统计数据库，https://comtrade.un.org/，2021-05-18。

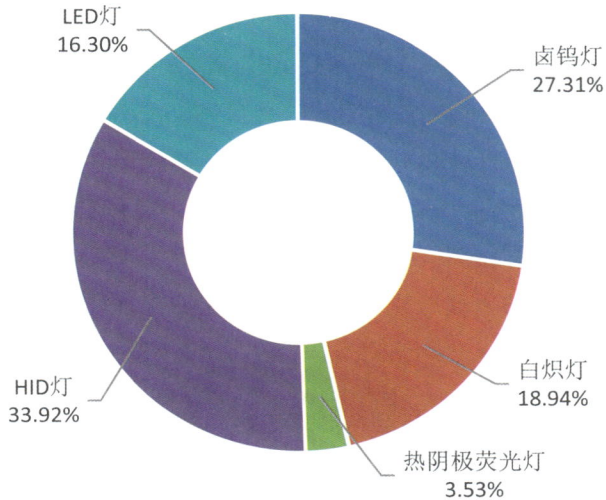

图1-1　2020年中国主要电光源产品进口额占比情况

　　在进口的灯具中，固定式灯具（HS：940510）0.36 亿美元，可移式灯具（HS：940520）0.22 亿美元，圣诞树用的成套灯具（HS：940530）0.003427亿美元，探照灯、聚光灯及其他电灯及照明装置（HS：940540）2.25 亿美元。各类灯具产品进口额占比如图1-2所示，探照灯、聚光灯和其他电灯及照明装置进口额占比79.40%，占比最大。

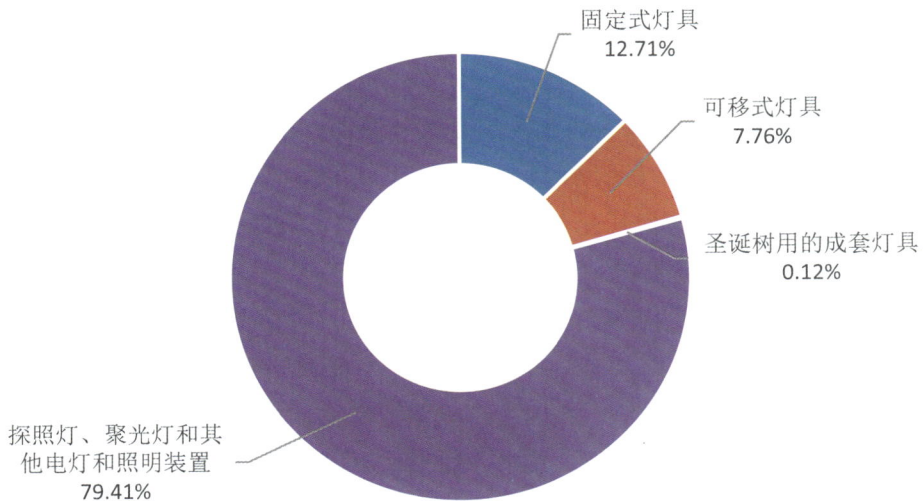

图1-2　2020年中国主要灯具产品进口额占比情况

在进口的照明配件产品中，电压≤1000 V的灯座（HS：853661）0.14 亿美元，品目8539所列物品的零件（HS：853990）0.73 亿美元，品目9405所列物品的玻璃制零件（HS：940591）0.07 亿美元，品目9405所列物品的塑料制零件（HS：940592）0.58 亿美元，品目9405所列物品其他材料制零件（HS：940599）0.63 亿美元。各类照明配件产品进口额占比如图1-3所示，品目8539所列物品的零件进口额占比33.95%，占比最大；其次是品目9405所列物品其他材料制零件和品目9405所列物品的塑料制零件，占比分别为29.30%和26.98%。

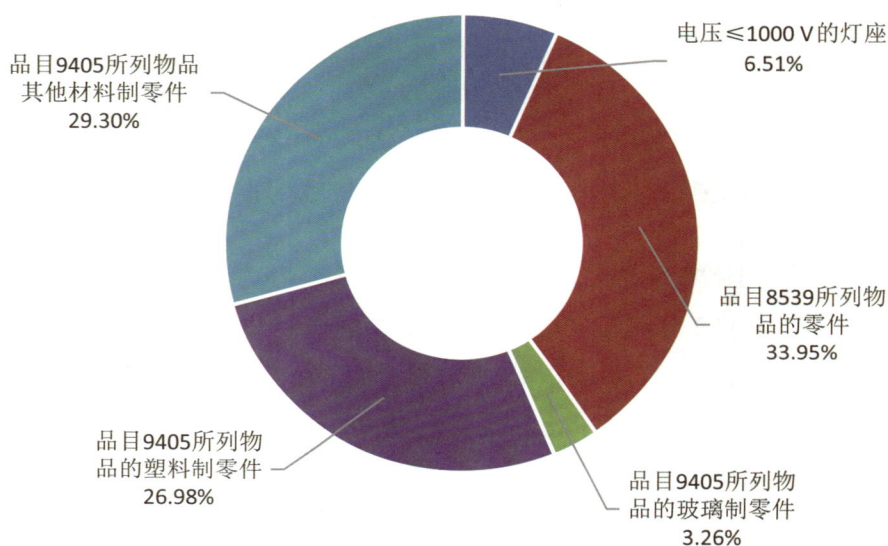

图1-3　2020年中国主要照明配件产品进口额占比情况

在出口方面，近几年中国电光源、灯具和照明产品附件出口额均保持增长势态，但内部结构有所调整（见图1-4），具体表现在：

（1）电光源出口结构变化趋势：LED比重增长放缓，卤钨灯、热阴极荧光灯、HID灯等传统光源比重进一步缩小。

主要电光源包括：卤钨灯（HS：853921）、白炽灯（HS：853922；853929）、热阴极荧光灯（HS：853931）、HID灯（HS：853932）、LED灯（HS：853950）等。2020年，我国主要光源产品累计出口额约76.92 亿美元（见表1-1），较上年度增长7.74%。其中，LED光源出口额58.11 亿美元，较上年度同期增长7.19%，从结构上看，LED光源占主要光源产品的75.55%，占比较上年度同期降低了0.39%，LED光源出口增长和结构占比均有所放缓；卤钨灯出口额

4.21 亿美元，较上年度同期增长28.41%，从结构上看，卤钨灯占主要光源产品的
5.47%，占比较上年度同期增加0.88%；白炽灯出口额4.37 亿美元，较上年度同期
下降1.95%，从结构上看，白炽灯占主要光源产品的5.68%，占比较上年度同期下
降0.56%；热阴极荧光灯出口额8.51 亿美元，较上年度同期增长9.84%，从结构上
看，热阴极荧光灯占主要光源产品的11.06%，占比较上年度同期增加0.21%；HID
灯出口额1.72 亿美元，较上年度同期增长9.84%，从结构上看，HID灯占主要光源
产品的2.24%，占比较上年度同期增加0.21%。

表1-1　2020年中国主要电光源出口额及比重情况

光源种类	出口额（亿美元）	比重（%）
卤钨灯（HS：853921）	4.21	5.47
白炽灯（HS：853922；853929）	4.37	5.68
热阴极荧光灯（HS：853931）	8.51	11.06
HID 灯（HS：853932）	1.72	2.24
LED 灯（HS：853950）	58.11	75.55

从近几年的光源出口结构情况变化趋势来看，LED光源占主要光源产品的出口
比重由逐年上升到2019年达到高峰（75.55%），同时出口额还在保持增长态势。
一方面，说明了LED产品对传统产品的替换已将近峰值；另一方面，也说明替换市
场未来几年仍具备一定潜力。

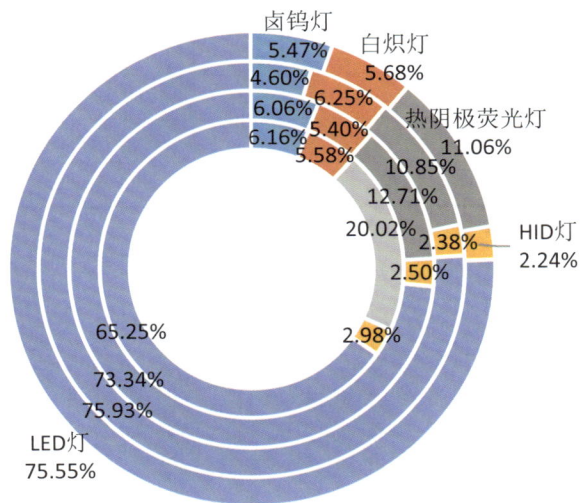

图1-4　2017—2020年中国各类光源出口额占比情况（年份从内到外递增）

（2）灯具出口变化趋势：2011—2015年，主要灯具产品出口额保持持续增长态势，2016年主要的灯具产品出口额有所回调，此后至2020年间除圣诞树用的成套灯具外，其余灯具仍保持增长态势（见图1-5），近几年探照灯、聚光灯及其他电灯及照明装置出口额占比最大（见图1-6）。

主要的灯具产品包括：固定式灯具，如吊灯和其他天花板或墙壁照明（HS：940510）；可移式灯具，如台灯、床头灯、落地灯（HS：940520）；圣诞树用的成套灯具（HS：940530）；探照灯、聚光灯和其他电灯及照明装置（HS：940540）等。2020年，中国累计出口主要灯具产品约32.63亿美元，较上年度同期增长13.61%（见表1-2）。其中，固定式灯具出口额9.89亿美元，较上年度同期增长7.19%。从结构上看，固定式灯具占主要灯具产品的30.31%，近几年出口比重较为稳定；可移式灯具出口额4.31亿美元，较上年度同期增长14.18%；从结构上看，可移式灯具占主要灯具产品的13.21%，近几年出口比重持续增长；受新冠肺炎疫情影响，国外聚集性活动减少，圣诞树用的成套灯具出口额1.04亿美元，较上年度同期下降17.53%，为历史上下降幅度最大的一次；从结构上看，圣诞树用的成套灯具占主要灯具产品的3.19%，比重持续下降；探照灯、聚光灯和其他电灯及照明装置出口额17.39亿美元，较上年度同期增长17.12%；从结构上看，探照灯、聚光灯和其他电灯及照明装置占主要灯具产品的53.29%，比重有所增加。

表1-2　2020年中国主要灯具产品出口额及比重情况

灯具种类	出口额（亿美元）	比重（%）
固定式灯具（HS：940510）	9.89	30.31
可移式灯具（HS：940520）	4.31	13.21
圣诞树用的成套灯具（HS：940530）	1.04	3.19
探照灯、聚光灯和其他电灯及照明装置（HS：940540）	17.39	53.29

（亿美元）

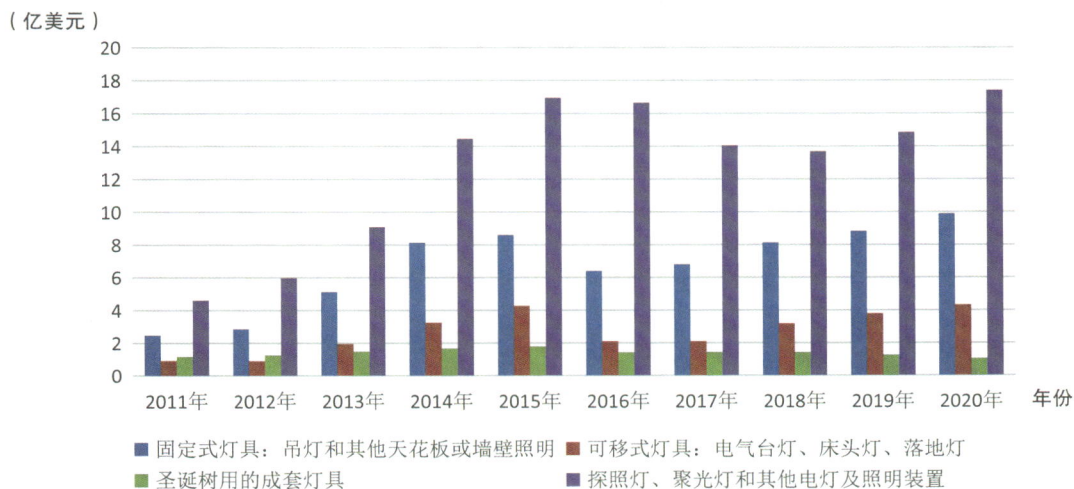

图1-5　2011—2020年中国灯具产品出口额柱状图

图例：
- 固定式灯具：吊灯和其他天花板或墙壁照明
- 可移动灯具：电气台灯、床头灯、落地灯
- 圣诞树用的成套灯具
- 探照灯、聚光灯和其他电灯及照明装置

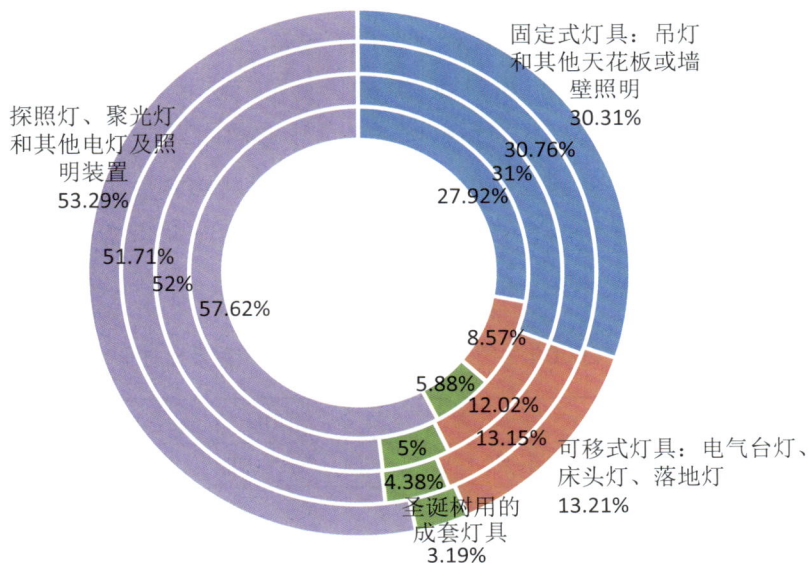

图1-6　2017—2020年中国各类主要灯具出口额占比情况（年份从内到外递增）

（3）照明配件出口变化趋势：2014年以来，电压≤1000 V的灯座、品目9405所列物品的塑料制零件，以及电压≤1000 V的灯座三类配件保持增长势态（见图1-7）。从结构上看，电压≤1000 V的灯座出口比重较为稳定，品目8539所列物品的零件比重持续缩窄，品目9405所列物品的零件比重持续扩大（见图1-8）。

主要照明配件包括：电压≤1000 V的灯座（HS：853661）；品目8539所列物品的零件（HS：853990）；品目9405所列物品的玻璃制零件（HS：940591）；品目9405所列物品的塑料制零件（HS：940592）；品目9405所列物品其他材料制零件（HS：940599）等。2020年，中国累计出口主要照明配件产品约4.79亿美元，较上年度同期增长18.86%（见表1-3），受新冠肺炎疫情影响，配件材料报复性增长，增长率较上年多出13个百分点。其中，电压≤1000 V的灯座出口额为0.26亿美元，较上年度同期增长12.69%，从结构上看，电压≤1000 V的灯座占主要照明配件产品的5.42%，近几年出口比重稳中略有下降；品目8539所列物品的零件出口额为0.37亿美元，较上年度同期增长8.76%，从结构上看，品目8539所列物品的零件占主要照明配件产品的7.73%，近几年出口比重持续下降；品目9405所列物品的玻璃制零件出口额为0.37亿美元，较上年度同期增长20.29%，从结构上看，9405所列物品的玻璃制零件占主要照明配件产品的7.73%，近几年出口比重波动不大；品目9405所列物品的塑料制零件出口额为0.62亿美元，较上年度同期增长8.91%，从结构上看，品目9405所列物品的塑料制零件占主要照明配件产品的12.94%，近几年出口比重呈增长趋势；品目9405所列物品其他材料制零件出口额为3.17亿美元，较上年度同期增长22.75%，从结构上看，品目9405所列物品其他材料制零件占主要照明配件产品的66.18%，近几年出口比重持续增长。

表1-3　2020年中国主要照明配件产品出口额及比重

配件种类	出口额（亿美元）	比重（%）
电压≤1000 V的灯座（HS：853661）	0.26	5.42
品目8539所列物品的零件（HS：853990）	0.37	7.73
品目9405所列物品的玻璃制零件（HS：940591）	0.37	7.73
品目9405所列物品的塑料制零件（HS：940592）	0.62	12.94
品目9405所列物品其他材料制零件（HS：940599）	3.17	66.18

（亿美元）

图1-7　2011—2020年中国主要照明配件出口额柱状图

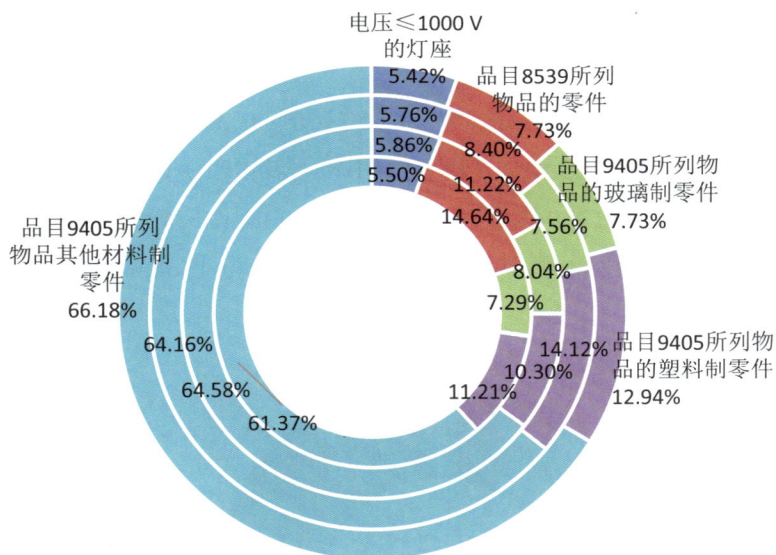

图1-8　2017—2020年中国各类主要照明配件出口额占比情况（年份从内到外递增）

1.2.2　南非照明电器产业发展现状

南非照明行业目前正在经历一个基础设施发展驱动的繁荣阶段，当地照明行业发展潜力最大的领域是改造市场，包括商业和公共环境市场，如学校、办公楼和医院等，这些市场需要升级现有照明设施，拆除传统照明设备并改造成节能产品。在碳达峰、碳中和持续推进的大背景下，特别是当前南非面临的供电紧缺问题，改造市场的潜力尤为重大。

当地较有名的制造商包括：Ashur Lighting，Centre Stage Lighting，Fundi Light & Living，Ledlume Products cc，Lite Zone，R & D Electronics，African Light & Trading，Genlux Lighting，Shenzhen Moya Led Lighting Co.,Ltd，Ashur Lighting，Flolite Manufacturers Cc，China Harbin Golden Aurora Optoelectronic Technology Co.,Ltd，Anglo Lampshades & Pendant Factory Sandton Gauteng，Flolite Manufacturers Cc，Reeflite，Rabro & Sturdy Products Cc等。

南非大多数装饰灯具是进口的，本土主要生产用于户外照明、商业和工业照明灯具。联合国商品贸易统计数据库信息显示，2020年南非进口电光源、灯具及照明配件产品1.50亿美元，较上年度减少28.92%，近几年进口呈下降趋势。其中，进口电光源0.572亿美元，灯具产品0.829亿美元，照明配件0.099亿美元。中国是南非照明电器主要进口来源国。近几年，南非从中国进口上述产品的比重约为80%以上。

在进口的电光源中，LED灯（HS：853950）0.37亿美元，热阴极荧光灯（HS：853931）0.083亿美元，卤钨灯（HS：853921）0.055亿美元，白炽灯（HS：853922和853929）0.041亿美元，HID灯（HS：853932）0.023亿美元。各类电光源产品进口额占比如图1-9所示，LED灯进口额占比64.84%，占比最大。

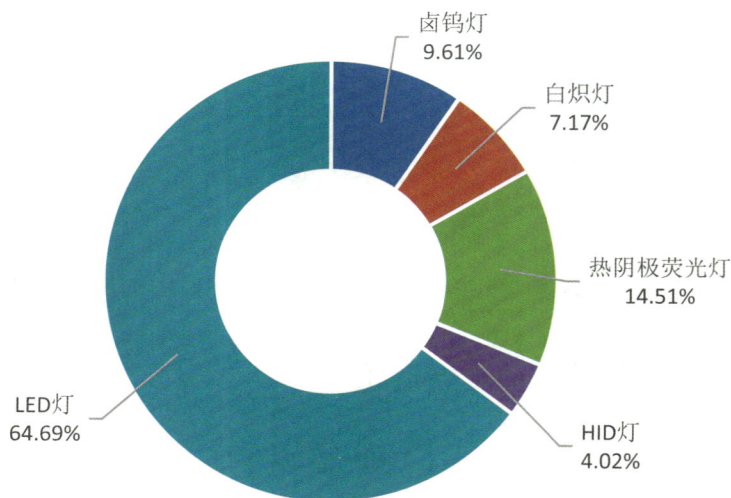

卤钨灯
9.61%

白炽灯
7.17%

热阴极荧光灯
14.51%

LED灯
64.69%

HID灯
4.02%

图1-9　2020年南非主要电光源产品进口额占比情况

在进口的灯具中，固定式灯具（HS：940510）0.15亿美元，可移式灯具（HS：940520）0.046亿美元，圣诞树用的成套灯具（HS：940530）0.016亿美元，探照灯、聚光灯和其他电灯及照明装置（HS：940540）0.608亿美元。各类灯具产品进口额占比如图1-10所示，探照灯、聚光灯和其他电灯及照明装置进口额占比67.88%，占比最大。

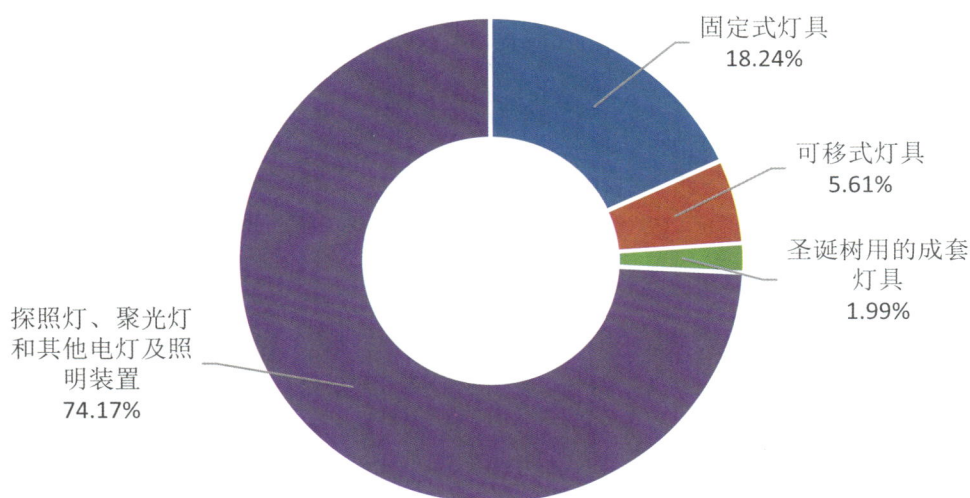

图1-10　2020年南非主要灯具产品进口额占比情况

在进口的照明配件产品中，电压≤1000 V的灯座（HS：853661）0.029亿美元，品目8539所列物品的零件（HS：853990）0.002亿美元，品目9405所列物品的玻璃制零件（HS：940591）0.006亿美元，品目9405所列物品的塑料制零件（HS：940592）0.009亿美元，品目9405所列物品其他材料制零件（HS：940599）0.053亿美元。各类电光源产品进口额占比如图1-11所示，品目9405所列物品其他材料制零件进口额占比53.54%，占比最大。

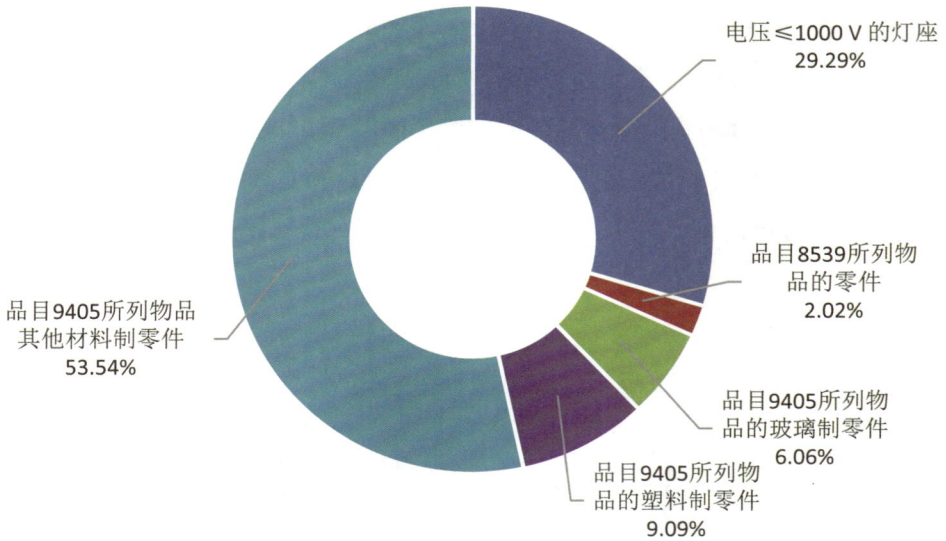

图1-11　2020年南非主要照明配件产品进口额占比情况

在出口方面，2019年以来南非电光源、灯具和照明产品附件出口额均出现大幅下降趋势，出口结构有所调整，具体表现在：

（1）电光源出口结构变化趋势：白炽灯出口比重最大，其次是LED光源和卤钨灯，HID灯出口比重最小（见图1-12）。其中，白炽灯占主要光源产品的出口比重由2018年达到高峰（43.48%），此后，LED光源出口比重逐渐增加并呈赶超白炽灯比重趋势，有望在近1—2年内成为南非出口比重最大的电光源。

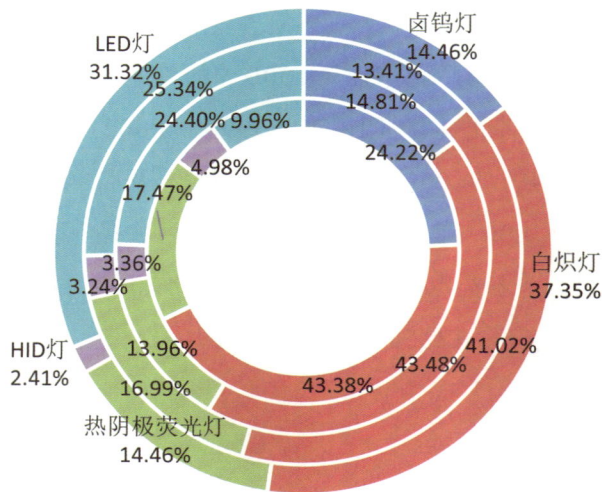

图1-12　2017—2020年南非各类光源出口额占比情况（年份从内到外递增）

2020年，南非主要光源产品累计出口额约0.083亿美元，较上年度下降20.02%（见表1-4）。其中，LED光源出口额0.026亿美元，与上年度同期持平；从结构上看，LED光源占主要光源产品的31.32%，较上年同期增加6.13%。卤钨灯出口额0.012亿美元，较上年度同期下降10.83%；从结构上看，卤钨灯占主要光源产品的14.46%，占比较上年度同期下降1.54%。白炽灯出口额0.031亿美元，较上年度同期下降27.35%；从结构上看，白炽灯占主要光源产品的37.35%，占比较上年度同期下降3.76%。热阴极荧光灯出口0.012亿美元，较上年度同期下降31.64%；从结构上看，热阴极荧光灯占主要光源产品的14.46%，占比较上年度同期下降2.47%。HID灯出口0.002亿美元，较上年度同期下降55.34%；从结构上看，HID灯占主要光源产品的2.41%，占比较上年度同期下降1.43%。

表1-4　2020年南非电光源出口额及比重

光源种类	出口额（亿美元）	比重（%）
卤钨灯（HS：853921）	0.012	14.46
白炽灯（HS：853922；853929）	0.031	37.35
热阴极荧光灯（HS：853931）	0.012	14.46
HID灯（HS：853932）	0.002	2.41
LED灯（HS：853950）	0.026	31.32

（2）灯具出口变化趋势：南非在2011—2020年间灯具产品出口额呈下降趋势（见图1-13），特别是2018年以来主要的灯具产品出口额均大幅回调，其中2020年可移式灯具出口额回调8个百分点，圣诞用的成套灯具出口额较上年度缩减近半，其余灯具出口额均较上年度缩减20%以上。从出口额比重结构看，近几年各类主要灯具产品占比较稳定（见图1-14）。

（亿美元）

图1-13 2011—2020年南非主要灯具出口额柱状图

■ 固定式灯具：吊灯和其他天花板或墙壁照明　　■ 可移式灯具：电气台灯、床头灯、落地灯
■ 圣诞树用的成套灯具　　■ 探照灯、聚光灯和其他电灯及照明装置

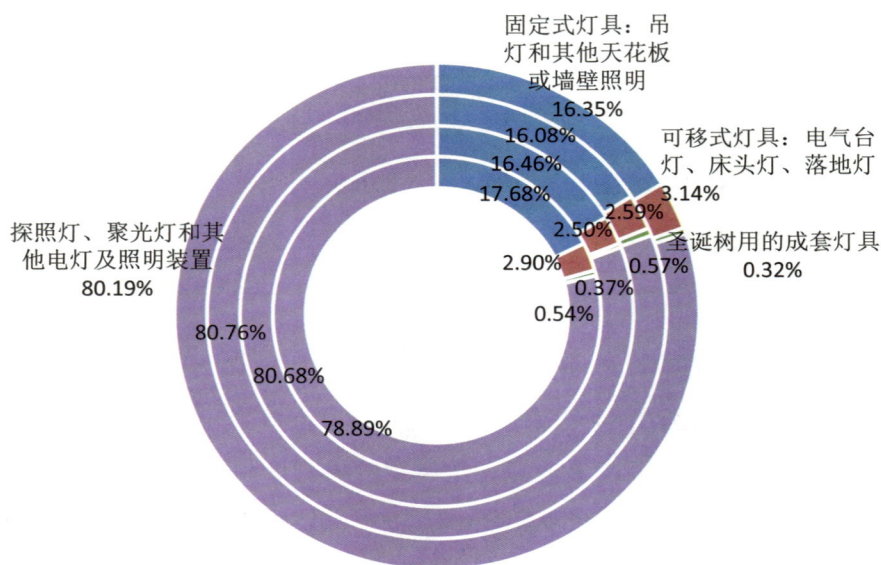

图1-14 2017—2020年南非各类灯具出口额占比情况（年份从内到外递增）

2020年，南非主要灯具产品累计出口额约0.318亿美元，较上年同期下降22.80%（见表1-5）。其中，固定式灯具出口额0.052亿美元，较上年度同期下降21.27%；从结构上看，固定式灯具占主要灯具产品的16.35%，占比较为稳定。可移式灯具出口额0.010亿美元，较上年度同期下降8.18%；从结构上看，可移式灯具占主要灯具产品的3.14%，近几年出口比重呈现增长趋势。受新冠肺炎疫情影响，国外聚集性活动减少，圣诞树用的成套灯具出口额0.001亿美元，较上年度同

期下降45.89%；从结构上看，圣诞树用的成套灯具占主要灯具产品的0.32%，占比较小。探照灯、聚光灯和其他电灯及照明装置出口额0.255亿美元，较上年度同期下降23.40%；从结构上看，探照灯、聚光灯和其他电灯及照明装置占主要灯具产品的80.19%，近几年出口比重较为稳定，占比基本维持在80%左右，是南非出口灯具的大头。

表1-5　南非主要灯具出口额及比重（2020年）

灯具种类	出口额（亿美元）	比重（%）
固定式灯具（HS：940510）	0.052	16.35
可移式灯具（HS：940520）	0.010	3.14
圣诞树用的成套灯具（HS：940530）	0.001	0.32
探照灯、聚光灯及其他电灯及照明装置（HS：940540）	0.255	80.19

（3）照明配件出口变化趋势：从出口额趋势看，2014年以来，电压≤1000 V的灯座2013年出口额达到峰值，此后保持长期下降趋势；品目9405所列物品的玻璃制零件和塑料制零件2015年出口额达到峰值，此后保持长期下降趋势；品目9405所列物品其他材料制零件及品目8539所列物品的零件在2011—2020年间出口额较为稳定（见图1-15）。从出口结构上看，品目9405所列物品其他材料制零件出口占比持续扩大，是南非照明配件出口的大头；电压≤1000 V的灯座出口比重持续缩小；品目9405所列物品的玻璃及塑料制零件比重较稳定（见图1-16）。

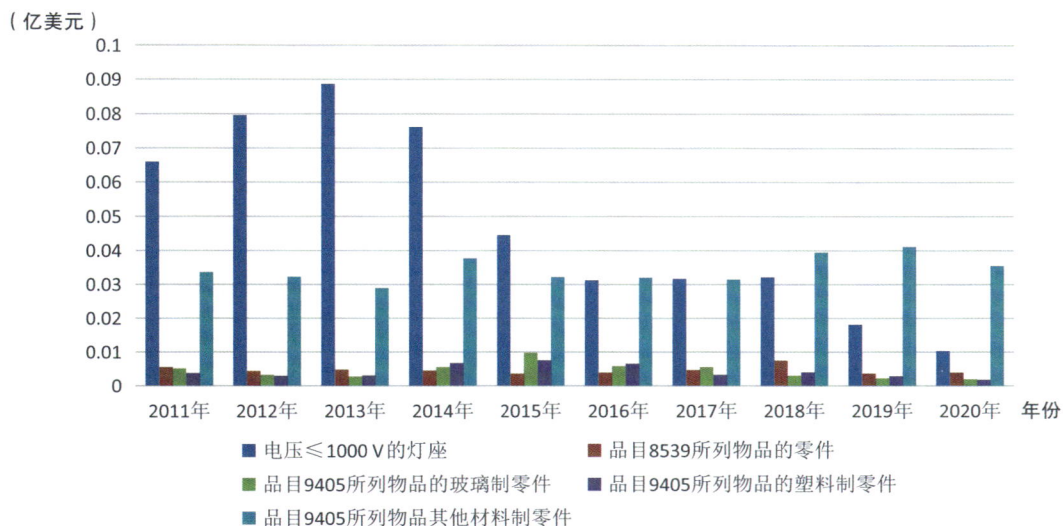

图1-15　2011—2020年南非主要照明配件出口额柱状图

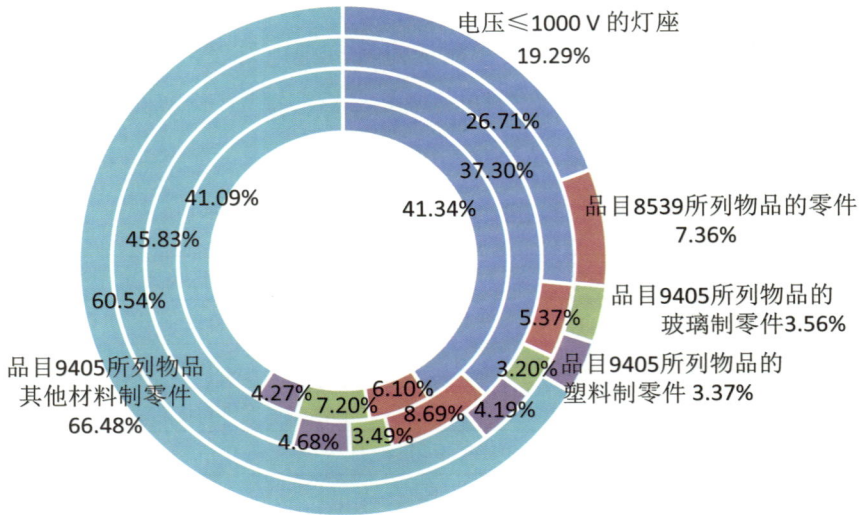

图1-16 2017—2020年南非各类主要照明配件出口额占比情况（年份从内到外递增）

2020年，南非主要照明配件产品累计出口额约0.0534亿美元，较上年度同期下降21.26%，受新冠肺炎疫情影响，配件材料持续两年下降幅度逾20%以上（见表1-6）。其中，电压≤1000 V的灯座出口额0.0103亿美元，较上年度同期下降43.15%；从结构上看，电压≤1000 V的灯座占主要照明配件产品的19.29%，近几年出口比重持续下降。品目8539所列物品的零件出口额0.0039亿美元，较上年度同期增长7.97%；从结构上看，品目8539所列物品的零件占主要照明配件产品的7.30%，近几年出口比重变化趋势不明显。品目9405所列物品的玻璃制零件出口额0.0019亿美元，较上年度同期下降11.93%；从结构上看，品目9405所列物品的玻璃制零件占主要照明配件产品的3.56%，近几年出口比重较稳定。品目9405所列物品的塑料制零件出口额0.0018亿美元，较上年度同期下降36.53%；从结构上看，品目9405所列物品的塑料制零件占主要照明配件产品的3.37%，近几年出口比重较稳定。品目9405所列物品其他材料制零件出口额0.0355亿美元，较上年度同期下降13.62%；从结构上看，品目9405所列物品其他材料制零件占主要照明配件产品的66.48%，近几年出口比重持续增长。

表1-6 2020年南非主要照明配件出口额及比重

配件种类	出口额（亿美元）	比重（%）
电压 ≤ 1000 V 的灯座（HS：853661）	0.0103	19.29
品目 8539 所列物品的零件（HS：853990）	0.0039	7.30
品目 9405 所列物品的玻璃制零件（HS：940591）	0.0019	3.56
品目 9405 所列物品的塑料制零件（HS：940592）	0.0018	3.37
品目 9405 所列物品其他材料制零件（HS：940599）	0.0355	66.48

1.2.3 巴西照明电器产业发展现状

巴西是南美最大的能源消费国。据测算，如果按照目前的发展趋势持续下去，在未来的20年里，巴西的能源使用量和温室气体排放量将会增加一倍以上。因此自20世纪80年代以来，根据巴西《国家节能与合理利用能源法》，巴西矿产能源部、国家能源政策委员会、国家电力管理局和国家计量、标准化和工业质量协会制定和执行了一系列关于能效的政策和措施，包括PBE强制性性能效标签计划、国家电力节能计划（PROCEL）以及合理利用国家能源计划（CONPET）。通过实施这些能效政策，鼓励生产商和消费者生产和购买高能效的节能产品，以减少因经济快速发展所带来的对社会和环境的影响和破坏。其中，国家电力节能计划中包括通过减少居民、商业、公共服务场所、工业用电来节能，鼓励开发和使用高效照明产品，与地方电力公司共同投资开展公共照明改造项目，淘汰低效照明灯具；与各电力公司通过共同资助的示范项目、能源审计和宣传活动推广节能灯与LED产品。在推广高效照明产品方面，巴西国家电力局、巴西标准管理局和生产厂商联合实施了一系列灯泡更新计划，如从财政预算中拨出一部分款额，以补贴的方式来降低节能灯以及LED产品的售价；规定于2016年6月完全禁止白炽灯。

据统计，巴西照明行业拥有600多个企业，创造了超过37000个就业机会（包括照明设备，镇流器和灯具的生产链）[1]。从行业收入看，灯具占该行业收入的61%，灯泡占28%，镇流器占11%。从企业所在城市分布看，绝大多数企业都集中在大圣保罗，它们占总数的58%，另外25%主要位于南里奥格兰德州、圣卡塔琳娜州、里约热内卢、巴拉那州、米纳斯吉拉斯州、巴伊亚州和伯南布哥州，其余的17%主要位于圣保罗州内部。本土主要品牌为BRILIA，PHILIPS，STE，OSRAM，ELITE。

---

[1] 巴西照明协会，https://abilux.com.br/，2018-03-02。

尽管巴西市场潜力很大，但市场开发难度高，巴西的贸易关税高，加上很多法律条文限制，贸易保护主义较严重，没有拥有技术专利等核心优势的企业，单靠价格很难打进巴西市场。目前中国出口巴西市场LED产品，主要以贴牌方式出口，消费者对于中国品牌的认知度还比较低。由于世界杯关系，目前主要需求产品包括LED管灯、球泡灯、灯条和射灯，LED在巴西民用、商业需求较为旺盛，但未来在路灯等室外照明领域具有非常大的市场潜力。

在进口方面，联合国商品贸易统计数据库信息显示，2020年巴西进口电光源、灯具及照明配件产品4.97亿美元，其中，进口电光源2.49亿美元，灯具产品2.23亿美元，照明配件0.25亿美元。中国是巴西照明电器主要进口来源国。近几年，巴西从中国进口上述产品的比重约为85%以上，巴西对中国的灯饰照明进口依赖性逐渐增大。

在进口的电光源中，LED灯（HS：853950）1.692 亿美元，HID灯（HS：853932）0.100 亿美元，卤钨灯（HS：853921）0.347 亿美元，白炽灯（HS：853922和853929）0.379 亿美元，热阴极荧光灯（HS：853931）0.181 亿美元，各类电光源产品进口额占比如图1-17所示，LED灯进口额占比62.69%，占比最大。

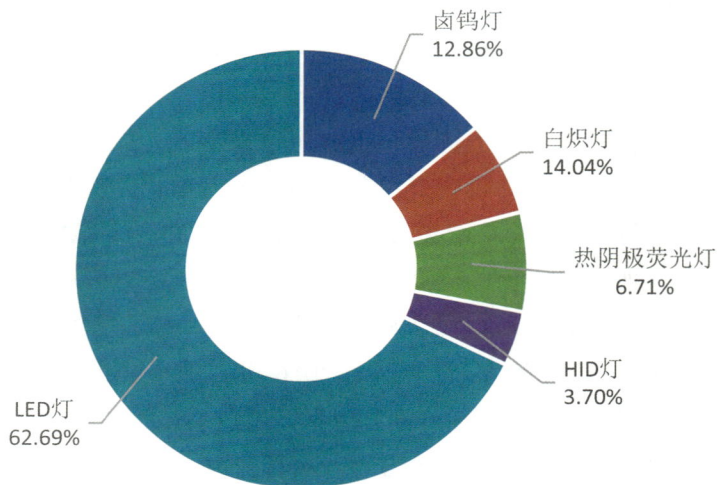

卤钨灯
12.86%

白炽灯
14.04%

热阴极荧光灯
6.71%

HID灯
3.70%

LED灯
62.69%

图1-17 2020年巴西主要电光源产品进口额占比情况

在进口的灯具中，固定式灯具（HS：940510）1.218 亿美元，可移动式灯具（HS：940520）0.059 亿美元，圣诞树用的成套灯具（HS：940530）0.066 亿美元，探照灯、聚光灯和其他电灯及照明装置（HS：940540）0.891 亿美元，各类灯具产品进口额占比如图1-18所示，固定式灯具进口额占比54.52%，占比最大。

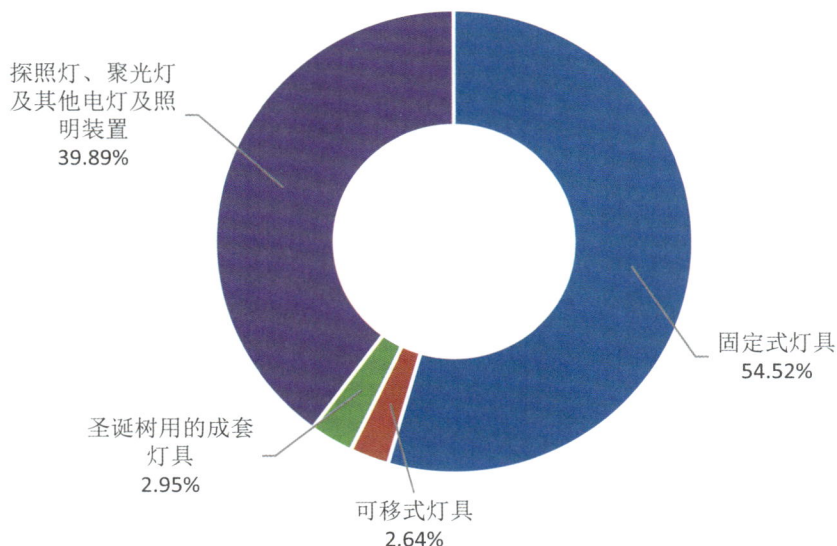

图1-18　2020年巴西主要灯具产品进口额占比情况

　　在进口的照明配件产品中，电压≤1000 V的灯座（HS：853661）0.093 亿美元，品目8539所列物品的零件（HS：853990）0.033 亿美元，品目9405所列物品的玻璃制零件（HS：940591）0.013 亿美元，品目9405所列物品的塑料制零件（HS：940592）0.035 亿美元，品目9405所列物品其他材料制零件（HS：940599）0.070 亿美元，各类照明配件产品进口额占比如图1-19所示，电压≤1000 V的灯座进口额占比38.05%，占比最大。

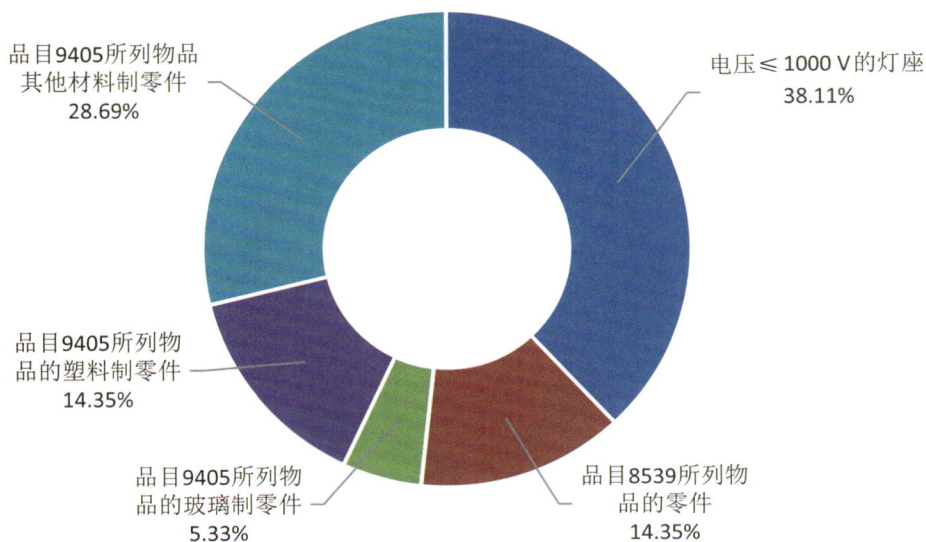

图1-19　2020年巴西主要照明附件产品进口额占比情况

在出口方面，近几年巴西电光源、灯具和照明产品附件出口额持续下降，但内部结构有所调整，具体表现在：

（1）电光源出口结构变化趋势：LED比重持续迅猛扩张，卤钨灯、热阴极荧光灯、HID灯等传统光源比重进一步缩小（见图1-20）。

2020年，巴西主要光源产品累计出口额约0.0258亿美元，较上年度减少16.81%（见表1-7）。其中，LED光源出口额0.014亿美元，较上年度同期增长24.24%，从结构上看，LED光源占主要光源产品的55.87%，占比较上年度同期增加18.46%，LED光源出口额占比呈扩张趋势；卤钨灯出口额0.0026亿美元，较上年度同期下降59.66%，从结构上看，卤钨灯占主要光源产品的9.97%，趋势变化不明显；白炽灯出口额0.0050亿美元，较上年度同期下降22.23%，从结构上看，白炽灯占主要光源产品的19.28%，自2018年以后占比持续下降；热阴极荧光灯出口额0.0019亿美元，较上年度同期下降47.39%，从结构上看，热阴极荧光灯占主要光源产品的比重迅速萎缩，比重从2017年的63.10%萎缩至2020年的7.44%；HID灯出口额0.0019亿美元，较上年度同期下降35.89%。

表1-7　2020年巴西主要电光源出口额及比重

光源种类	出口额（亿美元）	比重（%）
卤钨灯（HS：853921）	0.0026	9.97
白炽灯（HS：853922；853929）	0.0050	19.28
热阴极荧光灯（HS：853931）	0.0019	7.44
HID灯（HS：853932）	0.0019	7.44
LED灯（HS：853950）	0.0144	55.87

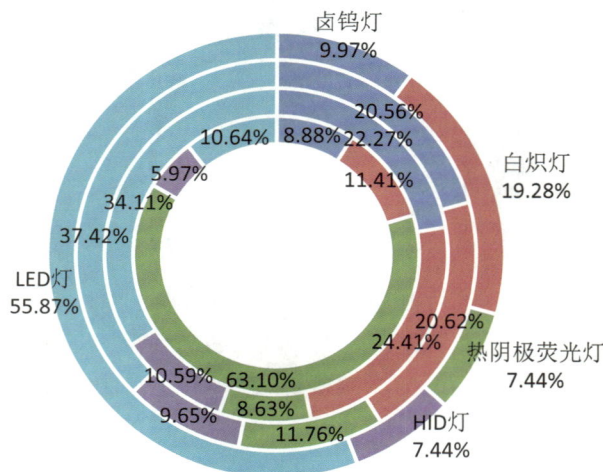

图1-20　2017—2020年巴西各类光源出口额占比情况（年份从内到外递增）

（2）灯具出口变化趋势：自2012年以来，巴西主要的灯具产品出口额基本呈持续回落趋势（见图1-21），出口结构趋于稳定（见图1-22）。

2020年，巴西主要灯具产品累计出口额约0.0877亿美元，较上年度同期下降37.12%（见表1-8）。其中，固定式灯具出口额为0.0442亿美元，较上年度同期下降38.79%，从结构上看，固定式灯具占主要灯具产品的50.42%；可移式灯具出口额为0.0026亿美元，较上年度同期下降17.74%，从结构上看，可移式灯具占主要灯具产品的2.97%；圣诞树用的成套灯具出口额为0.00005亿美元，较上年度同期下降44.86%，从结构上看，圣诞树用的成套灯具占主要灯具产品的0.06%；探照灯、聚光灯和其他电灯及照明装置出口额为0.0408亿美元，较上年度同期下降36.20%，从结构上看，探照灯、聚光灯和其他电灯及照明装置占主要灯具产品的46.55%。

表1-8　巴西灯具出口额及比重（2020年）

灯具种类	出口额（亿美元）	比重（%）
固定式灯具（HS：940510）	0.0442	50.42
可移式灯具（HS：940520）	0.0026	2.97
圣诞树用的成套灯具（HS：940530）	0.00005	0.06
探照灯、聚光灯和其他电灯及照明装置（HS：940540）	0.0408	46.55

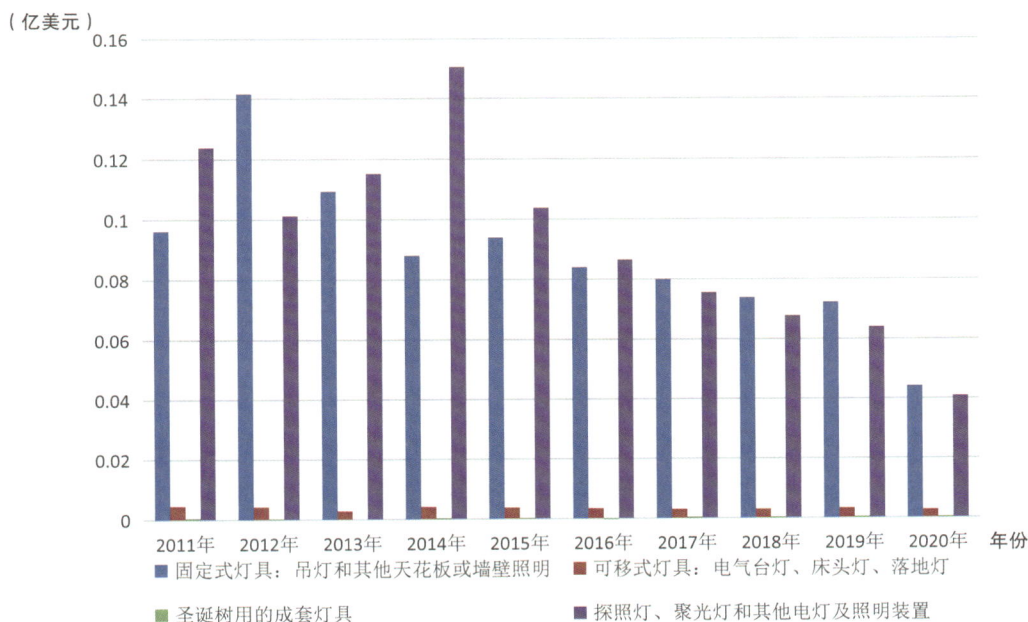

图1-21　2011—2020年巴西主要灯具出口额柱状图

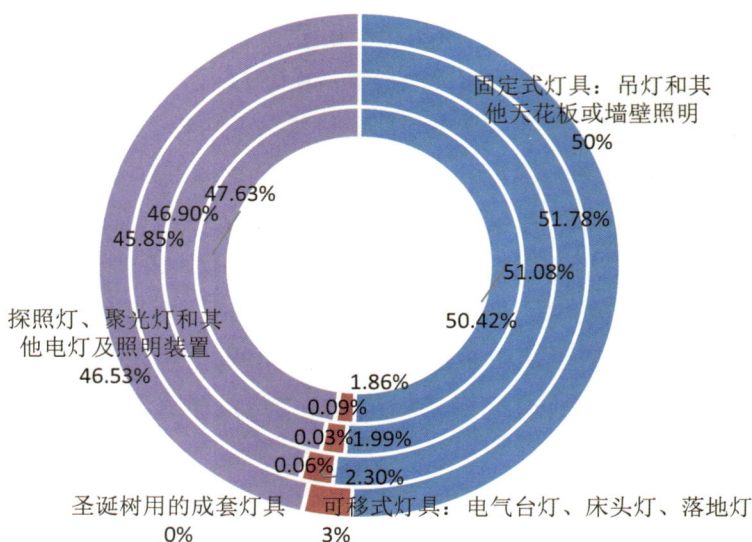

固定式灯具：吊灯和其他天花板或墙壁照明 50%

51.78%
51.08%
50.42%

47.63%
46.90%
45.85%

探照灯、聚光灯和其他电灯及照明装置 46.53%

1.86%
0.09%
1.99%
0.03%
0.06%
2.30%

圣诞树用的成套灯具 0%

可移式灯具：电气台灯、床头灯、落地灯 3%

图1-22 2017—2020年巴西各类灯具出口额占比情况（年份从内到外递增）

（3）照明配件出口变化趋势：2011—2020年间，巴西除电压≤1000 V的灯座出口额较稳定外，其余照明配件呈下降趋势（见图1-23）；从结构上看，电压≤1000 V的灯座是各类照明配件出口的大头，各类配件出口比重变化趋势不明显（见图1-24）。

2020年，巴西主要照明配件产品累计出口额约0.0178亿美元，较上年度同期下降32.05%（见表1-9）。其中，电压≤1000 V的灯座出口额为0.0112 亿美元，较上年度同期下降12.29%，从结构上看，电压≤1000 V的灯座占主要照明配件产品的62.81%；品目8539所列物品的零件出口额为0.0027 亿美元，较上年度同期下降54.22%，从结构上看，品目8539所列物品的零件占主要照明配件产品的15.14%；品目9405所列物品的玻璃制零件出口额为0.00003 亿美元，较上年度同期下降40.06%，从结构上看，9405所列物品的玻璃制零件占主要照明配件产品的0.17%；品目9405所列物品的塑料制零件出口额为0.0007 亿美元，较上年度同期下降53.43%，从结构上看，品目9405所列物品的塑料制零件占主要照明配件产品的3.93%，近几年出口比重呈增长趋势；品目9405所列物品其他材料制零件出口额为0.0032 亿美元，较上年度同期下降47.55%，从结构上看，品目9405所列物品其他材料制零件占主要照明配件产品的17.95%。

表1-9 巴西主要照明配件出口额及比重（2020年）

配件种类	出口额（亿美元）	比重（%）
电压 ≤ 1000 V 的灯座（HS：853661）	0.0112	62.81
品目 8539 所列物品的零件（HS：853990）	0.0027	15.14
品目 9405 所列物品的玻璃制零件（HS：940591）	0.00003	0.17
品目 9405 所列物品的塑料制零件（HS：940592）	0.0007	3.93
品目 9405 所列物品其他材料制零件（HS：940599）	0.0032	17.95

图1-23 2011—2020年巴西主要照明配件出口额柱状图

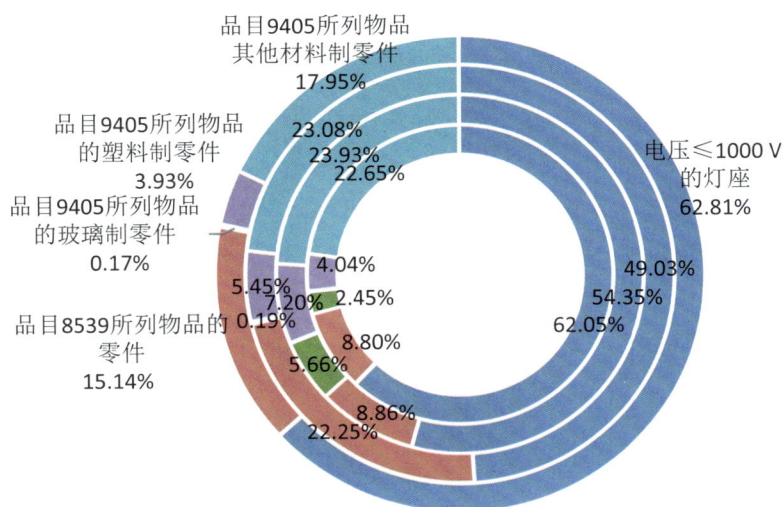

图1-24 2017—2020年巴西各类照明配件出口额占比情况（年份从内到外递增）

1.2.4 印度照明电器产业发展现状

印度是最大的照明市场之一。由于与传统照明技术相比，LED照明具有许多优势，印度政府大力推动LED照明的使用，政府出台的相关节能计划进一步促进了市场对节能照明技术的需求。和世界上大多数国家相比，印度具有较大规模的照明产品生产能力，特别是近年来，印度对节能照明产品的需求量不断增长，促使其光源制造业迅速发展。但印度本土多是照明产品来料组装企业，不具备完整产业链配套能力，大量的照明产业原材料、元器件和半成品仍要依赖进口，而中国则是其最主要的进口来源。印度的LED照明市场高度分散，其市场上主要照明品牌包括：Philips，Surya，Crompton，Bajaj，Halonix，HQ Lamps，Osram，Havells等。

在进口方面，联合国商品贸易统计数据库信息显示，2020年印度的电光源、灯具及照明配件产品进口额为4.377亿美元，其中，进口电光源0.577亿美元、灯具产品2.346亿美元、照明配件1.454亿美元。中国是印度照明电器主要进口来源国。近几年，印度从中国进口上述产品的比重约为75%以上。

在进口的电光源中，卤钨灯（HS：853921）0.241亿美元，白炽灯（HS：853922和853929）0.192亿美元，LED灯（HS：853950）0.084亿美元，热阴极荧光灯（HS：853931）0.032亿美元，HID灯（HS：853932）0.028亿美元，各类电光源产品进口额占比如图1-25所示，卤钨灯和白炽灯进口额占比75%。

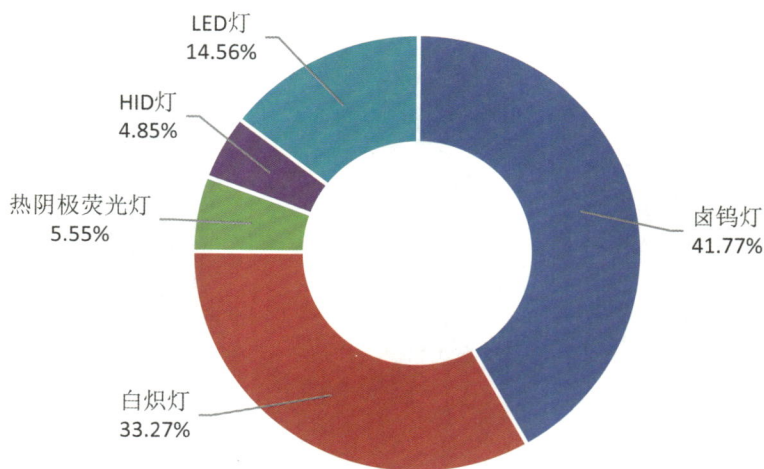

图1-25 2020年印度主要电光源产品进口额占比情况

在进口的灯具中，固定式灯具（HS：940510）0.306 亿美元，可移式灯具（HS：940520）0.151 亿美元，圣诞树用的成套灯具（HS：940530）0.053 亿美元，探照灯、聚光灯及其他电灯及照明装置（HS：940540）1.836 亿美元，各类灯具产品进口额占比如图1-26所示，探照灯、聚光灯及其他电灯及照明装置进口额占比78.27%。

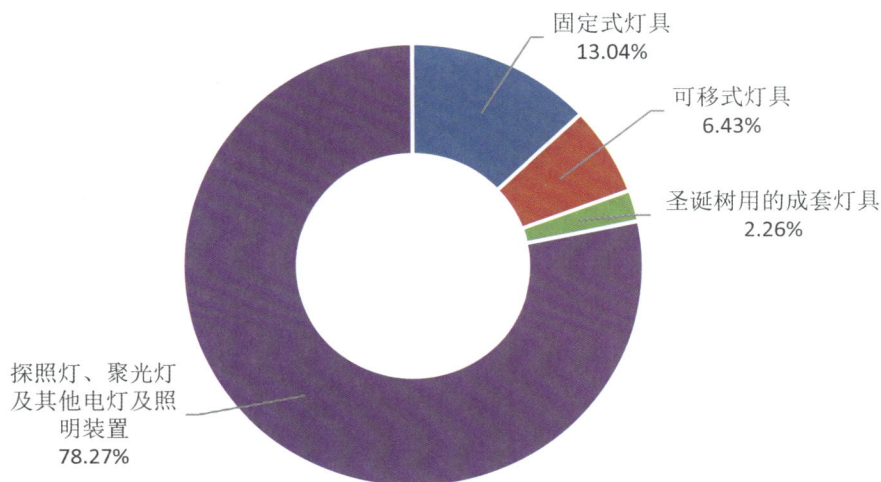

固定式灯具
13.04%

可移式灯具
6.43%

圣诞树用的成套灯具
2.26%

探照灯、聚光灯
及其他电灯及照
明装置
78.27%

图1-26　2020年印度主要灯具产品进口额占比情况

在进口的照明配件产品中，电压≤1000 V的灯座（HS：853661）0.122亿美元，品目8539所列物品的零件（HS：853990）0.535 亿美元，品目9405所列物品的玻璃制零件（HS：940591）0.009亿美元，品目9405所列物品的塑料制零件（HS：940592）0.024 亿美元，品目9405所列物品其他材料制零件（HS：940599）0.764亿美元，各类照明配件产品进口额占比如图1-27所示，品目9405所列物品其他材料制零件进口额占比52.54%。

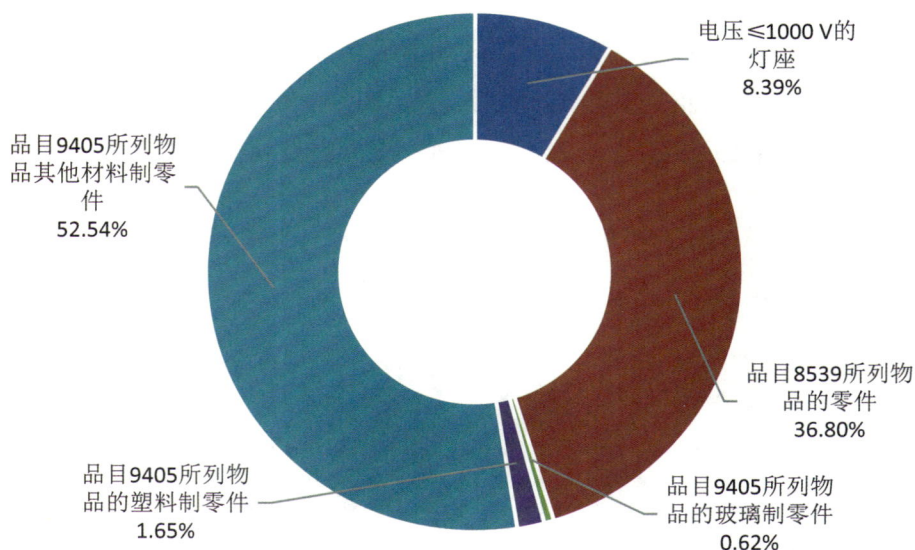

图1-27　2020年印度主要照明配件产品进口额占比情况

在出口方面，近几年印度电光源、灯具和照明产品附件出口额呈萎缩态势，具体表现在：

（1）电光源出口变化趋势：主要电光源产品出口额呈下降趋势，LED灯在2018年达到峰值，之后持续下降，热阴极荧光灯、HID灯出口额下滑趋势最显著；从出口结构看，卤钨灯、白炽灯比重持续增长，热阴极荧光灯、HID灯等传统光源比重进一步缩小，LED灯在2017年之后比重稳定（见图1-28）。

2020年，印度主要光源产品累计出口额约0.3342亿美元，较上年度下降24.90%（见表1-10）。其中，LED光源出口0.0287亿美元，较上年度同期下降31.28%，从结构上看，LED光源占主要光源产品的8.58%，近三年出口占比较稳定；卤钨灯出口额为0.1092亿美元，较上年度同期下降18.20%，从结构上看，卤钨灯占主要光源产品的32.67%，占比较上年度同期增加2.67%；白炽灯出口0.1008亿美元，较上年度同期下降4.32%，从结构上看，白炽灯占主要光源产品的30.17%，占比较上年度同期增加6.49%；热阴极荧光灯出口额为0.0563亿美元，较上年度同期减少25.46%，从结构上看，热阴极荧光灯占主要光源产品的16.86%，占比较上年度同期持平；HID灯出口额为0.0392亿美元，较上年度同期增长55.91%，从结构上看，HID灯占主要光源产品的11.72%，占比较上年度同期下降2.24%。

表1-10　2020年印度主要电光源出口额及比重

光源种类	出口额（亿美元）	比重（%）
卤钨灯（HS：853921）	0.1092	32.68
白炽灯（HS：853922；853929）	0.1008	30.16
热阴极荧光灯（HS：853931）	0.0563	16.85
HID灯（HS：853932）	0.0392	11.73
LED灯（HS：853950）	0.0287	8.58

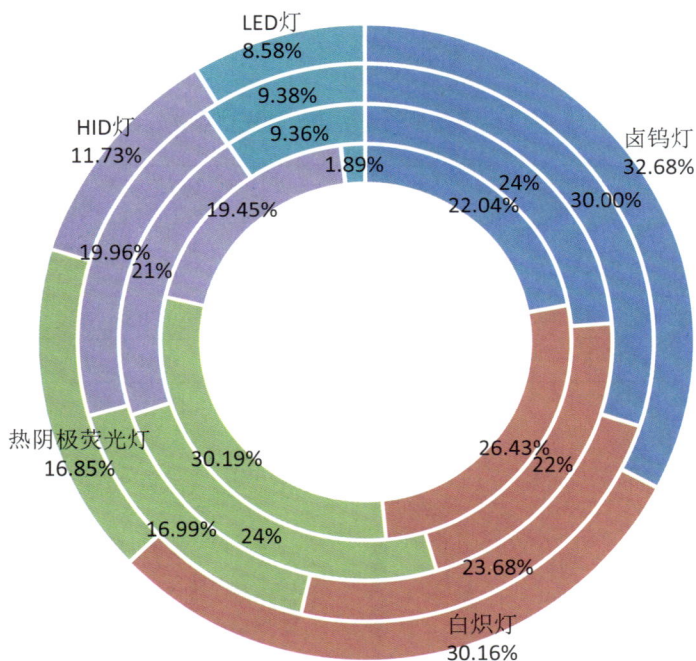

图1-28　2017—2020年印度各类光源出口额占比情况（年份从内到外递增）

（2）灯具出口变化趋势：2015—2016年印度固定式灯具出口额达到峰值，此后保持平缓下降趋势；近十年印度可移式灯具出口额保持下降趋势；探照灯、聚光灯和其他电灯及照明装置出口额2015—2019年持续增长，2020年回落；圣诞树用的成套灯具出口额持续低迷，2018年达到峰值（见图1-29）。从出口结构看，固定式灯具出口额占主要灯具产品出口额大头，其次是探照灯、聚光灯和其他电灯及照明装置和可移式灯具，圣诞树用的成套灯具出口比重较小（见图1-30）。

受疫情影响，2020年，印度主要灯具产品累计出口额约1.0075亿美元，较上年同期下降14.65%，为近三年首次负增长（见表1-11）。其中，固定式灯具出口额0.5210亿美元，较上年度同期下降2.96%，降幅是灯具产品中最小，从结构上看，固定式灯具占主要灯具产品的51.72%，较上年同期上升6.23%；可移式灯具出口额0.1608亿美元，较上年度同期下降16.42%，从结构上看，可移式灯具占主要灯具产品的15.96%，近几年出口比重持续缩减；圣诞树用的成套灯具出口额0.0058亿美元，较上年度同期下降69.63%，下降幅度是灯具产品中最大的，从结构上看，圣诞树用的成套灯具占主要灯具产品的0.57%，比重进一步缩小；探照灯、聚光灯和其他电灯及照明装置出口0.3199亿美元，较上年度同期下降25.97%，从结构上看，探照灯、聚光灯和其他电灯及照明装置占主要灯具产品的31.75%，比重较上一年度减少4.86%。

表1-11 2020年印度各类灯具出口额及比重

灯具种类	出口额（亿美元）	比重（%）
固定式灯具（HS：940510）	0.5210	51.72
可移式灯具（HS：940520）	0.1608	15.96
圣诞树用的成套灯具（HS：940530）	0.0058	0.57
探照灯、聚光灯及其他电灯及照明装置（HS：940540）	0.3199	31.75

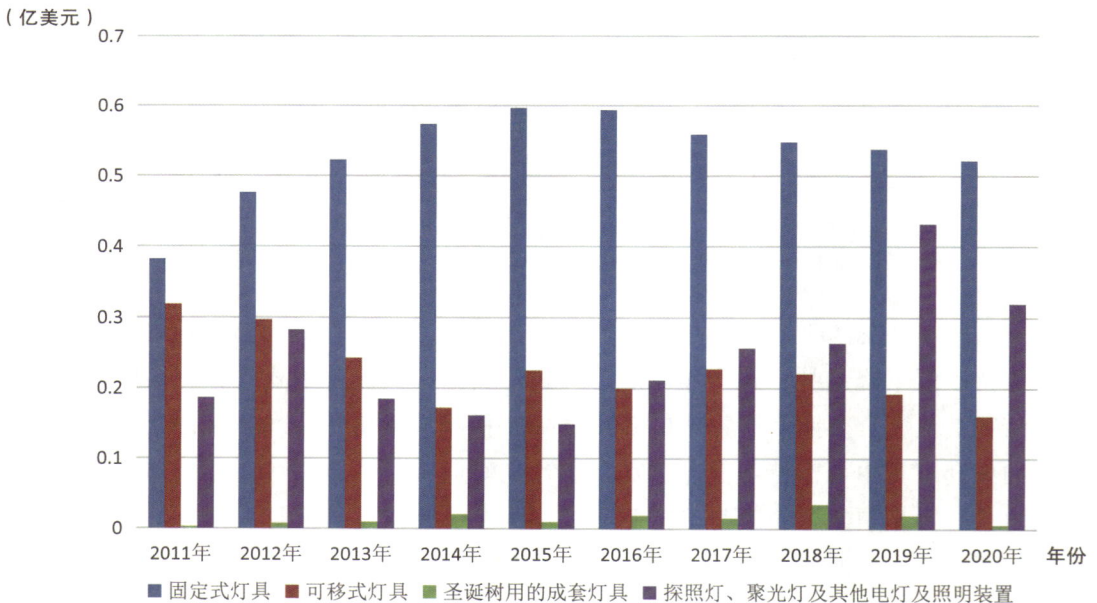

图1-29 2011—2020年印度各类灯具出口额柱状图

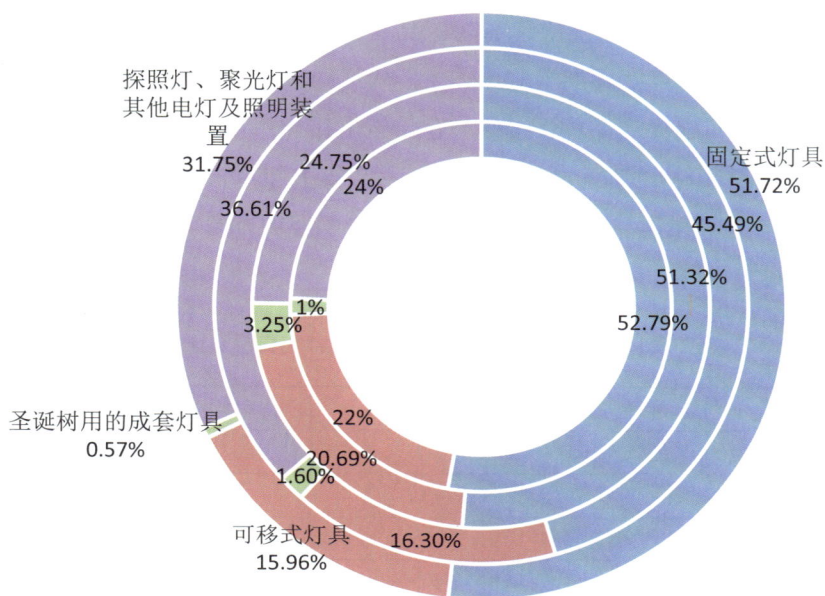

图1-30 2017—2020年印度各类灯具出口额占比情况（年份从内到外递增）

（3）照明配件出口变化趋势：2011—2020年间，印度品目9405所列物品的玻璃制零件和品目9405所列物品其他材料制零件呈现此消彼长的趋势，电压≤1000 V的灯座、品目9405所列物品的塑料制零件、品目8539所列物品的零件三类配件呈下降趋势（见图1-31）。从出口结构看，品目9405所列物品其他材料制零件是印度出口大头，占比70%以上，品目9405所列物品的玻璃制零件出口比重持续缩窄，品目8539所列物品的零件出口比重呈扩大趋势，其余配件出口比重较稳定（见图1-32）。

2020年，印度主要照明配件产品累计出口额约0.3104亿美元，较上年度同期下降25.32%（见表1-12）。其中，电压≤1000 V的灯座出口额为0.0203亿美元，较上年度同期下降16.57%，从结构上看，电压≤1000 V的灯座占主要照明配件产品的6.55%，近几年出口比重稳定；品目8539所列物品的零件出口额为0.0512亿美元，较上年度同期增长5.89%，是照明配件中出口保持增长的唯一品类，从结构上看，品目8539所列物品的零件占主要照明配件产品的16.49%，出口比重较上年度同期增加4.86%；品目9405所列物品的玻璃制零件出口额为0.0030亿美元，较上年度同期下降72.70%，从结构上看，9405所列物品的玻璃制零件占主要照明配件产品的0.95%，近几年出口比重持续下降；品目9405所列物品的塑料制零件出口额为0.0027亿美元，较上年度同期下降9.65%，从结构上看，品目9405所列物品的塑料制零件占主要照明配件产品的0.87%，近几年出口比重呈增长趋势；品目9405所列物品其他材料制零件出口额为0.2332亿美元，较上年度同期下降29.13%，从结构上看，品目9405所列物品其他材料制零件占主要照明配件产品的75.13%，出口比重较上年度同期下降4.04%。

表1-12 2020年印度主要照明配件出口额及比重

配件种类	出口额（亿美元）	比重（%）
电压 ≤ 1000V 的灯座（HS：853661）	0.0203	6.54
品目 8539 所列物品的零件（HS：853990）	0.0512	16.49
品目 9405 所列物品的玻璃制零件（HS：940591）	0.0030	0.97
品目 9405 所列物品的塑料制零件（HS：940592）	0.0027	0.87
品目 9405 所列物品其他材料制零件（HS：940599）	0.2332	75.13

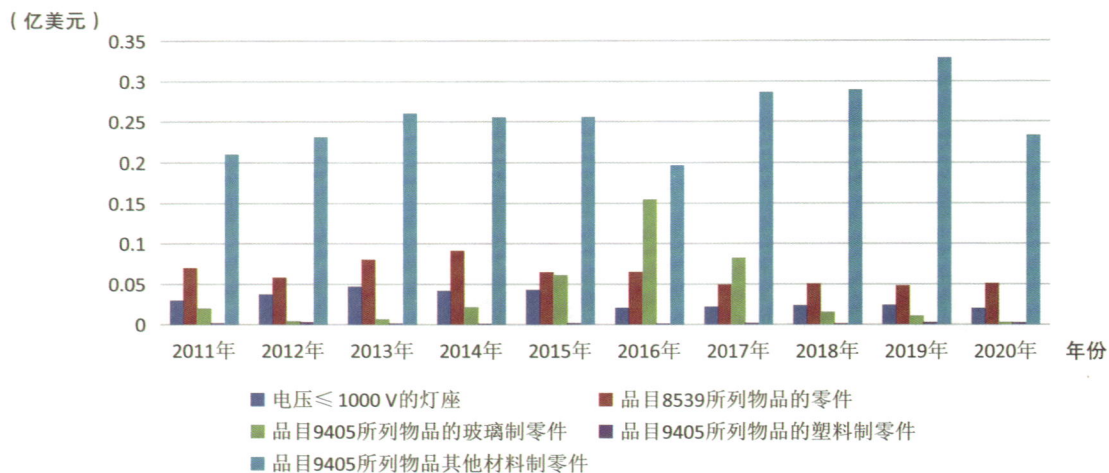

图1-31 2011—2020年印度主要照明配件出口额柱状图

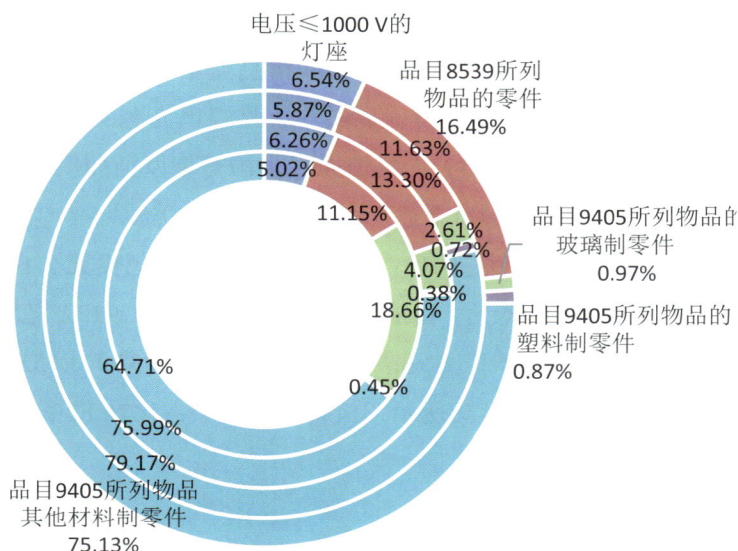

图1-32 2017—2020年印度各类照明配件出口额占比情况（年份从内到外递增）

1.2.5 俄罗斯照明电器产业发展现状

俄罗斯照明电器市场目前仍以传统产品为主，室内主要是低色温荧光灯和卤素灯，近几年LED照明的使用逐渐增多；室外则是金卤灯和高压钠灯，而在一些严寒多雾的地区，低压钠灯亦有用武之地。俄罗斯大部分国土处于纬度较高的寒带和亚寒带，冬季漫长而寒冷，因此无论是传统照明还是LED照明产品均比较偏好暖白选项，应用中热辐射光源依然大量存在。近几年LED市场规模在迅速扩大，在2019年LED市场规模达到了13亿美元。推动该国LED产业发展的关键因素是政府对节能照明产品的高度重视，包括出台了要求在国家或城市建设项目中必须使用一定比例LED产品的法规。此外，俄罗斯政府还于2014年推出了禁止白炽灯的禁令。该禁令促进了LED产品在俄罗斯市场的采用。目前，商业照明和户外照明是俄罗斯LED产品的两个最大应用领域。俄罗斯的LED市场很大一部分需求依赖进口。

本土主要照明企业有：PUMOS JSC，ARMATOR，PUNTO DESIGN，PRISMATRON GROUP，JSC PROTON，INCOTEX ELECTRONICS GROUP，LUMENPRO，POWER SOURCES，VINEDOS LTD，SK-COMPANY，ECOLIGHT，

MAXISTROYKAPITAL，ENERGIA SVETA，WORLD LED LIGHT，TD INTESSO，SVET-SERVIS及JSC NPO ELEKTROMASHINA等。

在进口方面，联合国商品贸易统计数据库信息显示，2020年俄罗斯进口电光源、灯具及照明配件产品9.7344亿美元，其中，进口电光源2.7013亿美元，灯具产品6.5354亿美元，照明配件0.4977亿美元。中国是俄罗斯照明电器主要进口来源国。近几年，俄罗斯从中国进口上述产品的比重约为80%以上。

在进口的电光源中，卤钨灯（HS：853921）0.3743亿美元，白炽灯（HS：853922和853929）0.1649亿美元，LED灯（HS：853950）1.9132亿美元，热阴极荧光灯（HS：853931）0.0934亿美元，HID灯（HS：853932）0.1555亿美元，各类电光源产品进口额占比如图1-33所示，卤钨灯进口额占比70.82%，占比最大。

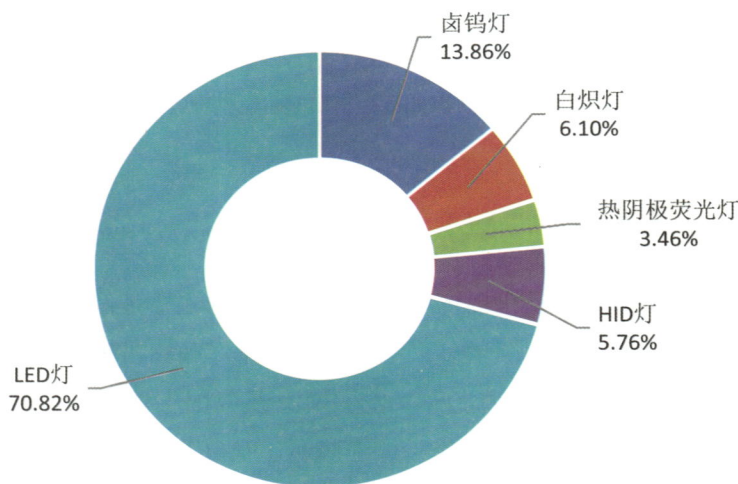

图1-33 2020年俄罗斯主要电光源产品进口额占比情况

在进口的灯具中，固定式灯具（HS：940510）3.5065亿美元，可移式灯具（HS：940520）0.4844亿美元，圣诞树用的成套灯具（HS：940530）0.2418亿美元，探照灯、聚光灯和其他电灯及照明装置（HS：940540）2.3027亿美元，各类灯具产品进口额占比如图1-34所示，固定式灯具进口额占比53.65%，占比最大，其次是探照灯、聚光灯和其他电灯及照明装置占比35.23%。

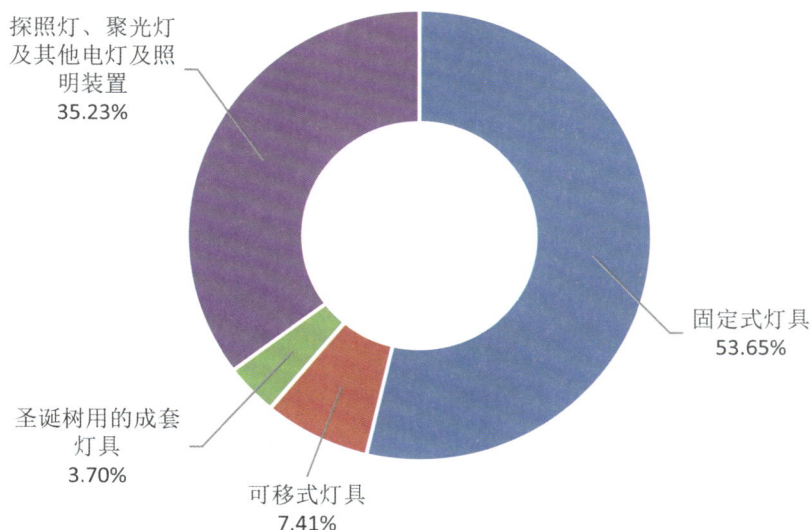

图1-34　俄罗斯主要灯具产品进口额占比情况（2020年）

　　在进口的照明配件产品中，电压≤1000 V的灯座（HS：853661）0.0094亿美元，品目8539所列物品的零件（HS：853990）0.1126 亿美元，品目9405所列物品的玻璃制零件（HS：940591）0.0255 亿美元，品目9405所列物品的塑料制零件（HS：940592）0.0893 亿美元，品目9405所列物品其他材料制零件（HS：940599）0.2609 亿美元，各类照明配件产品进口额占比如图1-35所示，品目9405所列物品其他材料制零件进口额占比52.42%，占比最大。

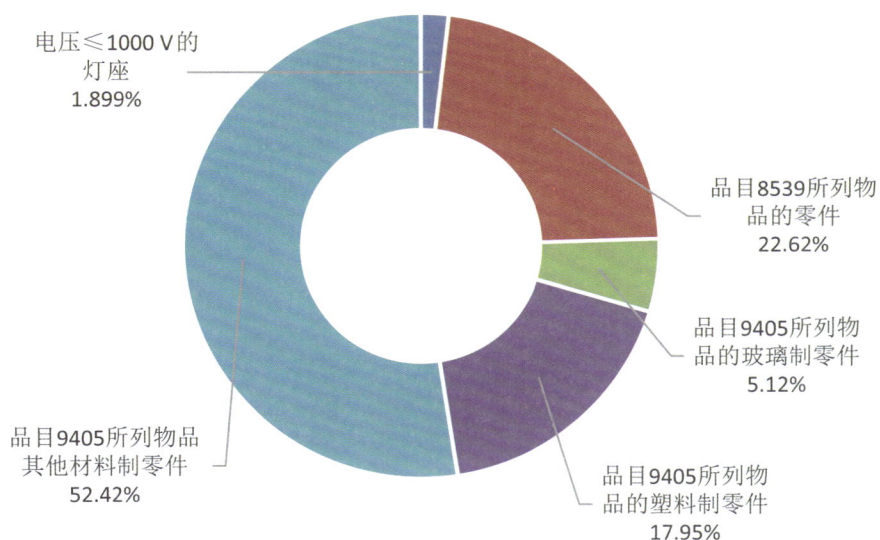

图1-35　2020年俄罗斯主要照明配件产品进口额占比情况

在出口方面，受新冠肺炎疫情影响，2020年俄罗斯电光源、灯具产品出口额均不同程度下滑，但照明产品附件出口额较上年度同期上升近20个百分点；此外不同品类出口结构有所调整，具体表现在：

（1）电光源出口结构变化趋势：LED比重持续上升，卤钨灯比重呈下降趋势，热阴极荧光灯、HID灯、白炽灯等传统光源比重趋于稳定（见图1-36）。

2020年，俄罗斯主要光源产品累计出口额约0.4828亿美元，较上年度减少16.10%（见表1-13）。其中，LED光源出口额0.1967亿美元，较上年度同期下降11.03%，从结构上看，LED光源占主要光源产品的40.74%，LED光源出口占比保持增长趋势；卤钨灯出口额0.0378亿美元，较上年度同期下降11.03%，从结构上看，卤钨灯占主要光源产品的7.83%，且占比持续下降；白炽灯出口额0.0702亿美元，较上年度同期下降22.62%，从结构上看，白炽灯占主要光源产品的14.54%，近三年占比较稳定；热阴极荧光灯出口额0.1518亿美元，较上年度同期下降19.21%，从结构上看，热阴极荧光灯占主要光源产品的31.44%，近三年占比较稳定；HID灯出口额0.0263亿美元，较上年度同期下降16.74%，从结构上看，HID灯占主要光源产品的5.45%，占比呈下降趋势。

表1-13　2020年俄罗斯主要电光源出口额及比重

光源种类	出口额（亿美元）	比重（%）
卤钨灯（HS：853921）	0.0378	7.83
白炽灯（HS：853922；853929）	0.0702	14.54
热阴极荧光灯（HS：853931）	0.1518	31.44
HID灯（HS：853932）	0.0263	5.45
LED灯（HS：853950）	0.1967	40.74

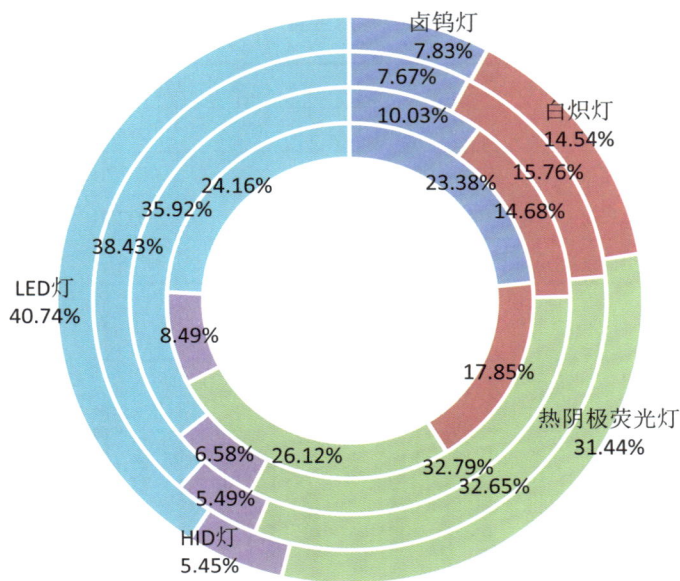

图1-36 2017—2020年俄罗斯各类光源出口额占比情况（年份从内到外递增）

（2）灯具出口变化趋势：受新冠肺炎疫情影响，2020年主要灯具产品出口总额下降，除圣诞树用的成套灯具出口额较上年度同期略有增长外，其余品类灯具产品均有不同程度的下降（见图1-37）。从出口占比结构看，固定式灯具、可移式灯具及圣诞树用的成套灯具出口比重增加，探照灯、聚光灯和其他电灯及照明装置比重下降（见图1-38）。

2020年，俄罗斯主要灯具产品累计出口额约0.8630亿美元，较上年度同期下降7.46%（见表1-14）。其中，固定式灯具出口额为0.4297亿美元，较上年度同期下降1.16%，从结构上看，固定式灯具占主要灯具产品的49.79%，近几年出口比重呈增长趋势；可移式灯具出口额为0.0320亿美元，较上年度同期下降1.42%，从结构上看，可移式灯具占主要灯具产品的3.17%，近几年出口比重呈增长趋势；圣诞树用的成套灯具出口额为0.0200亿美元，较上年度同期增长1.87%，从结构上看，圣诞树用的成套灯具占主要灯具产品的2.32%，比重持续增长；探照灯、聚光灯和其他电灯及照明装置出口额为0.3813亿美元，较上年度同期下降14.46%，为主要灯具产品出口下降幅度最大，从结构上看，探照灯、聚光灯和其他电灯及照明装置占主要灯具产品的44.18%，比重较上年度下降3.81%。

表1-14 2020年俄罗斯主要灯具出口额及比重

灯具种类	出口额（亿美元）	比重（%）
固定式灯具（HS：940510）	0.4297	49.79
可移式灯具（HS：940520）	0.0320	3.71
圣诞树用的成套灯具（HS：940530）	0.0200	2.32
探照灯、聚光灯及其他电灯及照明装置（HS：940540）	0.3813	44.18

图1-37 2011—2020年俄罗斯主要灯具出口额柱状图

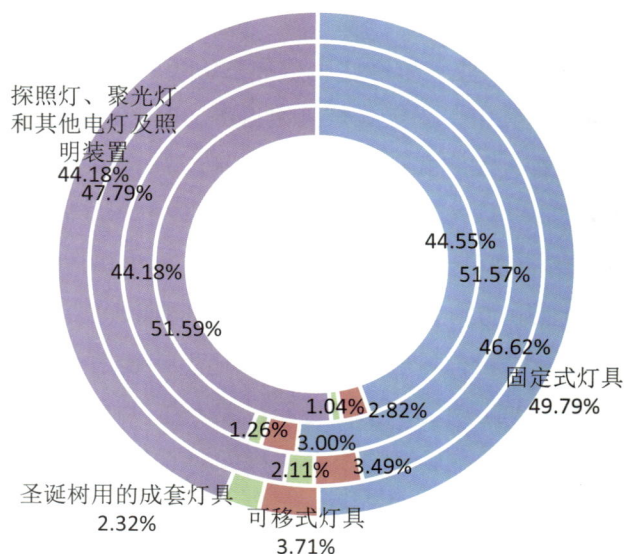

图1-38 2017—2020年俄罗斯各类灯具出口额占比情况（年份从内到外递增）

（3）照明配件出口变化趋势：2011—2020年间，除品目9405所列物品的玻璃制零件出口下降趋势明显外，其余配件产品出口趋势不明显（见图1-39）。从出口结构看，电压≤1000 V的灯座出口比重持续上升，品目9405所列物品的玻璃制零件出口比重持续下降，其余照明配件产品出口比重趋势不明显（见图1-40）。

图1-39　2011—2020年俄罗斯主要照明配件出口额柱状图

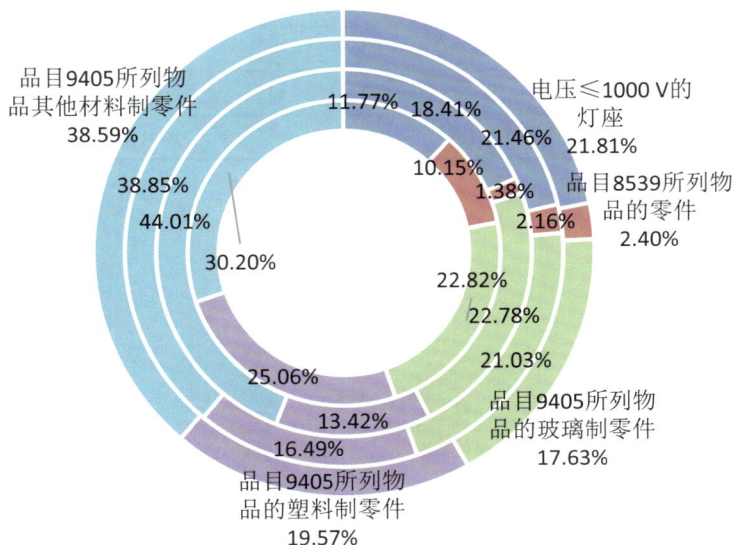

图1-40　2017—2020年俄罗斯各类照明配件出口额占比情况（年份从内到外递增）

2020年，俄罗斯主要照明配件产品累计出口额约0.0428亿美元（见表1-15），较上年同期增长19.38%，近三年首次出现正增长。其中，电压≤1000 V的灯座出口额为0.0093 亿美元，较上年度同期增长21.29%，从结构上看，电压≤1000 V的灯座占主要照明配件产品的21.73%，近几年出口比重持续上升；品目8539所列物品的零件出口额为0.0010 亿美元，较上年度同期增长32.78%，从结构上看，品目8539所列物品的零件占主要照明配件产品的2.34%，出口比重在配件中最小；品目9405所列物品的玻璃制零件出口额为0.0076 亿美元，较上年度同期增长0.06%，增长幅度最小，从结构上看，9405所列物品的玻璃制零件占主要照明配件产品的17.75%，近几年出口比重波动不大；品目9405所列物品的塑料制零件出口额为0.0084 亿美元，较上年度同期增长41.63%，从结构上看，品目9405所列物品的塑料制零件占主要照明配件产品的19.63%，近三年出口比重呈增长趋势；品目9405所列物品其他材料制零件出口额为0.0165亿美元，较上年度同期增长18.60%，从结构上看，品目9405所列物品其他材料制零件占主要照明配件产品的38.55%，是俄罗斯照明配件出口大头。

表1-15　2020年俄罗斯主要照明配件出口额及比重

配件种类	出口额（亿美元）	比重（%）
电压≤ 1000 V 的灯座（HS：853661）	0.0093	21.73
品目 8539 所列物品的零件（HS：853990）	0.0010	2.34
品目 9405 所列物品的玻璃制零件（HS：940591）	0.0076	17.75
品目 9405 所列物品的塑料制零件（HS：940592）	0.0084	19.63
品目 9405 所列物品其他材料制零件（HS：940599）	0.0165	38.55

②

金砖国家照明电器标准法规概况

2.1 中国照明电器标准法规概况

2.1.1 相关组织

根据党的十九届三中全会审议通过的《中共中央关于深化党和国家机构改革的决定》《深化党和国家机构改革方案》和第十三届全国人民代表大会第一次会议批准的《国务院机构改革方案》，国家市场监督管理总局于2018年设立，这是国务院授权履行行政管理职能，统一管理全国标准化工作的主管机构，下设标准技术管理司、标准创新管理司等标准化业务主管部门。对外保留中国标准化管理委员会（Standardization Administration of the People's Republic of China，SAC）牌子，以国家标准化管理委员会名义，下达国家标准计划，批准发布国家标准，审议并发布标准化政策、管理制度、规划、公告等重要文件；开展强制性国家标准对外通报；协调、指导和监督行业、地方、团体、企业标准工作；代表国家参加国际标准化组织、国际电工委员会和其他国际或区域性标准化组织；承担有关国际合作协议签署工作；承担国务院标准化协调机制日常工作。[①]

全国照明电器标准化技术委员会（SAC/TC 22）等相关标准化技术委员会主要负责制定我国照明电器产品的国家标准或行业标准。截至2020年底，我国已成立9个照明电器相关的全国标准化组织（见表2-1）。同时，国务院有关行政主管部门和有关行业协会也设有标准化管理机构，分工管理本部门本行业的标准化工作。此外，国家半导体照明工程研发及产业联盟（CSA）、中国照明学会（China Illuminating Engineering Society，CIES）也在积极参与照明的相关行业、团体标准的制修订工作。

表2-1 中国照明电器相关的国家级标准化组织

TC 号	SC 号	名称	专业范围	秘书处
TC 79	SC 6	全国无线电干扰标准化技术委员会家用电器、电动工具、照明设备和电气玩具的电磁兼容分技术委员会	家用电器、电动工具、照明设备和电气玩具及类似设备的干扰允许值和特殊测量方法	中国电器科学研究院股份有限公司

① 中华人民共和国市场监督管理总局，http://www.samr.gov.cn/，2021-05-02。

续　表

TC 号	SC 号	名称	专业范围	秘书处
TC 203		半导体设备和材料	中国电子技术标准化研究院	半导体设备和材料
	SC 2	全国半导体设备和材料标准化技术委员会材料分技术委员会	半导体材料	中国有色金属工业标准计量质量研究所
TC 114	SC 21	全国汽车标准化技术委员会灯具及灯光分技术委员会	装在车身外部照明装置、内部照明装置及光信号装置的术语、图形符号、型式尺寸及产品性能标准等	上海机动车检测认证技术研究中心有限公司
TC 224		全国照明电器标准化技术委员会	照明电器	北京电光源研究所
	SC 1	全国照明标技委电光源及附件分标委	电光源及附件	北京电光源研究所
	SC 2	全国照明电器标准化技术委员会灯具分技术委员会	照明灯具等	上海时代之光照明电器检测有限公司
	SC 3	全国照明标技委光辐射测量分标委	光辐射测量方法	杭州远方光电信息股份有限公司
	SC 4	全国照明电器标准化技术委员会照明基础分标委	照明基础	北京电光源研究所

2.1.2　相关标准

我国照明电器标准体系已经基本建立完成，内容涉及照明产品的电气安全、光度测量、性能要求和电磁兼容要求，以及重要零部件的技术要求。截至2020年底，我国照明领域（ICS分类号为29.140）共有现行有效国家和行业标准309项[①]，其中，国家标准207项（见附件1），行业标准102项（见附件2）。国家标准中，采用国际标准的有141项，采标率68.12%。从采标来源看（见图2-1），采用国际电工委员会（IEC）标准128项，采用国际照明委员会（CIE）标准11项，采用美国国家标准学会（ANSI）标准2项。自2017年国家推行强制性标准整合精简工作以来，照明领域强制性国家标准大幅减少，半数强制性标准转化为推荐性国家标准。截至2020年底，现行强制性国家标准54项，较2015年底减少57项，强制性安

① 全国标准信息公共服务平台，http://std.samr.gov.cn/，2021-05-05。

全标准45项，强制性安全类标准中采用IEC标准43项，采标率95.56%。照明强制性标准一般是针对不同用途、使用不同材料的照明产品，具体涉及的标准包括部件指标、技术指标、试验程序等内容，为产品标准、通用技术标准的制定提供了基础。我国主要照明产品国家强制性标准汇总见表2-2。

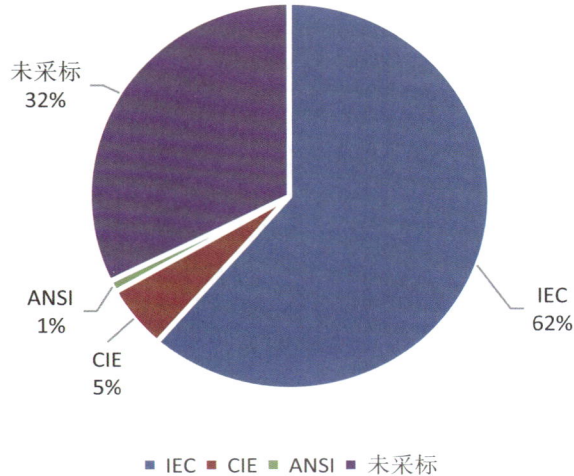

（数据来源：全国信息标准公共服务平台统计数据）

图2-1 中国照明电器国家标准采标情况

表2-2 中国照明产品强制性标准（截至2020年底现行）

序号	类别	标准号	标准名称
1		GB 7000.1—2015	灯具 第1部分：一般要求与试验
2		GB 7000.222—2008	灯具 第2—22部分：特殊要求 应急照明灯具
3		GB 7000.210—2007	灯具 第2—10部分：特殊要求 儿童用可移式灯具
4		GB 7000.206—2008	灯具 第2—6部分：特殊要求 带内装式钨丝灯变压器或转换器的灯具
5	照明产品安全标准	GB 7000.7—2005	投光灯具安全要求
6		GB 7000.220—2008	灯具 第2—20部分：特殊要求 灯串
7		GB 7000.17—2003	限制表面温度灯具安全要求
8		GB 7000.18—2003	钨丝灯用特低电压照明系统安全要求
9		GB 7000.19—2005	照相和电影用灯具（非专业用）安全要求
10		GB 7000.201—2008	灯具 第2—1部分：特殊要求 固定式通用灯具
11		GB 7000.202—2008	灯具 第2—2部分：特殊要求 嵌入式灯具

序号	类别	标准号	标准名称
12		GB 7000.203—2013	灯具 第2—3部分：特殊要求 道路与街路照明灯具
13		GB 7000.204—2008	灯具 第2—4部分：特殊要求 可移式通用灯具
14		GB 7000.207—2008	灯具 第2—7部分：特殊要求 庭园用可移式灯具
15		GB 7000.208—2008	灯具 第2—8部分：特殊要求 手提灯
16		GB 7000.211—2008	灯具 第2—11部分：特殊要求 水族箱灯具
17		GB 7000.212—2008	灯具 第2—12部分：特殊要求 电源插座安装的夜灯
18		GB 7000.213—2008	灯具 第2—13部分：特殊要求 地面嵌入式灯具
19		GB 7000.214—2015	灯具 第2—14部分：特殊要求 使用冷阴极管形放电灯（霓虹灯）和类似设备的灯具
20		GB 7000.217—2008	灯具 第2—17部分：特殊要求 舞台灯光、电视、电影及摄影场所（室内外）用灯具
21		GB 7000.218—2008	灯具 第2—18部分：特殊要求 游泳池和类似场所用灯具
22		GB 7000.219—2008	灯具 第2—19部分：特殊要求 通风式灯具
23		GB 7000.225—2008	灯具 第2—25部分：特殊要求 医院和康复大楼诊所用灯具
24	照明产品安全标准	GB 14196.1—2008	白炽灯安全要求 第1部分：家庭和类似场合普通照明用钨丝灯
25		GB 14196.2—2008	白炽灯安全要求 第2部分：家庭和类似场合普通照明用卤钨灯
26		GB 14196.3—2008	白炽灯安全要求 第3部分：卤钨灯（非机动车辆用）
27		GB 19510.1—2009	灯的控制装置 第1部分：一般要求和安全要求
28		GB 19510.2—2009	灯的控制装置 第2部分：启动装置（辉光启动器除外）的特殊要求
29		GB 19510.3—2009	灯的控制装置 第3部分：钨丝灯用直流/交流电子降压转换器的特殊要求
30		GB 19510.4—2009	灯的控制装置 第4部分：荧光灯用交流电子镇流器的特殊要求
31		GB 19510.5—2005	灯的控制装置 第5部分：普通照明用直流电子镇流器的特殊要求
32		GB 19510.6—2005	灯的控制装置 第6部分：公共交通运输工具照明用直流电子镇流器的特殊要求
33		GB 19510.7—2005	灯的控制装置 第7部分：航空器照明用直流电子镇流器的特殊要求
34		GB 19510.8—2009	灯的控制装置 第8部分：应急照明用直流电子镇流器的特殊要求

续　表

序号	类别	标准号	标准名称
35		GB 19510.9—2009	灯的控制装置 第9部分：荧光灯用镇流器的特殊要求
36		GB 19510.10—2009	灯的控制装置 第10部分：放电灯（荧光灯除外）用镇流器的特殊要求
37		GB 19510.12—2005	灯的控制装置 第12部分：与灯具联用的杂类电子线路的特殊要求
38		GB 19510.13—2007	灯的控制装置 第13部分：放电灯（荧光灯除外）用直流或交流电子镇流器的特殊要求
39		GB 19510.14—2009	灯的控制装置 第14部分：LED模块用直流或交流电子控制装置的特殊要求
40	照明产品安全标准	GB 19510.210—2013	灯的控制装置 第2—10部分：高频冷启动管形放电灯（霓虹灯）用电子换流器和变频器的特殊要求
41		GB 16843—2008	单端荧光灯的安全要求
42		GB 16844—2008	普通照明用自镇流灯的安全要求
43		GB 18774—2002	双端荧光灯 安全要求
44		GB 19652—2005	放电灯（荧光灯除外）安全要求
45		GB 21554—2008	普通照明用自镇流无极荧光灯 安全要求
46		GB 24819—2009	普通照明用LED模块 安全要求
47		GB 24906—2010	普通照明用50 V以上自镇流LED灯 安全要求
48		GB 30422—2013	无极荧光灯 安全要求
49		GB 50149—2010	电气装置安装工程 母线装置施工及验收规范（附条文说明）
50		GB 50168—2018	电气装置安装工程 电缆线路施工及验收标准
51	电气装置安装工程施工及验收标准	GB 50170—2018	电气装置安装工程 旋转电机施工及验收标准
52		GB 50257—2014	电气装置安装工程 爆炸和火灾危险环境电气装置施工及验收规范（附条文说明）
53		GB 50303—2015	建筑电气工程施工质量验收规范（附条文说明）
54		GB 50617—2010	建筑电气照明装置施工与验收规范（附条文说明）

从以上标准列表中可以看出，我国照明产品的强制性国家标准按性质，主要分为安全标准和电气装置安装工程施工及验收标准两类。

2.1.2.1　照明产品安全标准

照明产品安全标准主要分为以下几个系列：

（1）GB 7000系列标准。该系列标准一共有23部分，等同采用IEC 60598系列，规定了各类灯具在爬电距离、电气间隙、接地规定、接线端子、耐热、耐火、耐起痕、防尘、防水、防触电保护等各方面的安全要求，GB 7000系列标准与IEC 60598系列标准对应关系见表2-3。其中，第1部分GB 7000.1规定了所有灯具都应符合的一般安全要求与试验；第2部分标准GB 7000.2—GB 7000.2××规定了涵盖固定式通用灯具、嵌入式灯具、道路与街路照明灯具、可移式通用灯具、庭园用可移式灯具、手提灯、水族箱灯具、电源插座安装的夜灯、地面嵌入式灯具、应急照明灯、儿童可移式灯具、通风式灯具等多种具体类别灯具的特殊要求。上述所有标准均不能单独使用，第2部分的每一个标准必须和第1部分标准一起使用。

表2-3　GB 7000系列标准与IEC 60598系列标准对应关系

序号	GB 标准号	GB标准名称	IEC 标准号及版本	IEC 最新标准号及版本
1	GB 7000.1—2015	灯具 第1部分：一般要求与试验	IEC 60598-1：2014（ed8.0）	IEC 60598-1：2020（ed9.0）
2	GB 7000.2—2008	灯具 第2—22部分：特殊要求 应急照明灯具	IEC 60598-2-22：2002（ed3.1）	IEC 60598-2-22：2017（ed4.1）
3	GB 7000.4—2007	灯具 第2—10部分：特殊要求 儿童用可移式灯具	IEC 60598-2-10：2003（ed2.0）	IEC 60598-2-10：2003（ed2.0）
4	GB 7000.6—2008	灯具 第2—6部分：特殊要求 带内装式钨丝灯变压器或转换器的灯具	IEC 60598-2-6：1994（ed2.0）	IEC 60598-2-6：2001（ed2.0，已废止）
5	GB 7000.7—2005	投光灯具安全要求	IEC 60598-2-5：1998（ed2.0）	IEC 60598-2-5：2015（ed3.0）
6	GB 7000.9—2008	灯具 第2—20部分：特殊要求 灯串	IEC 60598-2-20：2002（ed2.0）	IEC 60598-2-20：2014（ed4.0）
7	GB 7000.17—2003	限制表面温度灯具安全要求	IEC 60598-2-24：1997（ed1.0）	IEC 60598-2-24：2013（ed2.0）
8	GB 7000.18—2003	钨丝灯用特低电压照明系统安全要求	IEC 60598-2-23：1996（ed1.0）	IEC 60598-2-23：2020（ed2.0）
9	GB 7000.19—2005	照相和电影用灯具（非专业用）安全要求	IEC 60598-2-9：1987（ed2.0）	IEC 60598-2-9：1993（ed2.0，已废止）
10	GB 7000.201—2008	灯具 第2—1部分：特殊要求 固定式通用灯具	IEC 60598-2-1：1979+A1：1987（ed1.0）	IEC 60598-2-1：2020（ed2.0）
11	GB 7000.202—2008	灯具 第2—2部分：特殊要求 嵌入式灯具	IEC 60598-2-2：1997（ed2.0）	IEC 60598-2-2：2011（ed3.0）

序号	GB 标准号	GB标准名称	IEC 标准号及版本	IEC 最新标准号及版本
12	GB 7000.203—2013	灯具 第2—3 部分：特殊要求 道路与街路照明灯具	IEC 60598-2-3：2002+A1：2011（ed3.0）	IEC 60598-2-3：2002+AMD1：2011 CSV（ed3.1）
13	GB 7000.204—2008	灯具 第2—4 部分：特殊要求 可移式通用灯具	IEC 60598-2-4：1997（ed2.0）	IEC 60598-2-4：2017（ed3.0）
14	GB 7000.207—2008	灯具 第2—7 部分：特殊要求 庭园用可移式灯具	IEC 60598-2-7：1982（ed1.0）	IEC 60598-2-7：1982/AMD2：1994（ed1.0, 已废止）
15	GB 7000.208—2008	灯具 第2—8 部分：特殊要求 手提灯	IEC 60598-2-8：2007（ed2.0）	IEC 60598-2-8：2013（ed3.0）
16	GB 7000.211—2008	灯具 第2—11 部分：特殊要求 水族箱灯具	IEC 60598-2-11：2005（ed1.0）	IEC 60598-2-11：2013（ed2.0）
17	GB 7000.212—2008	灯具 第2—12 部分：特殊要求 电源插座安装的夜灯	IEC 60598-2-12：2006（ed1.0）	IEC 60598-2-12：2013（ed2.0）
18	GB 7000.213—2008	灯具 第2—13 部分：特殊要求 地面嵌入式灯具	IEC 60598-2-13：2006（ed1.0）	IEC 60598-2-13：2006+AMD1：2011+AMD2：2016 CSV（ed1.2）
19	GB 7000.214—2015	灯具 第2—14 部分：特殊要求 使用冷阴极管形放电灯（霓虹灯）和类似设备的灯具	IEC 60598-2-14：2009（ed1.0）	IEC 60598-2-14：2009（ed1.0）
20	GB 7000.217—2008	灯具 第2—17 部分：特殊要求 舞台灯光、电视、电影及摄影场所（室内外）用灯具	IEC 60598-2-17：1984+A2：1990（ed1.0）	IEC 60598-2-17：2017（ed2.0）
21	GB 7000.218—2008	灯具 第2—18 部分：特殊要求 游泳池和类似场所用灯具	IEC 60598-2-18：1993（ed2.0）	IEC 60598-2-18：1993/AMD1：2011（ed2.0）
22	GB 7000.219—2008	灯具 第2—19 部分：特殊要求 通风式灯具	IEC 60598-2-19：1981+A1：1987+A2：1997（ed1.0）	IEC 60598-2-19：1981+A1：1987+A2：1997（ed1.0）
23	GB 7000.225—2008	灯具 第2—25 部分：特殊要求 医院和康复大楼诊所用灯具	IEC 60598-2-25：1994（ed1.0）	IEC 60598-2-25：1994/AMD1：2004（ed1.0）

（2）GB 14196系列标准。该系列标准一共3项，分别是GB 14196.1—2008《白炽灯安全要求 第1部分：家庭和类似场合普通照明用钨丝灯》、GB 14196.2—2008《白炽灯安全要求 第2部分：家庭和类似场合普通照明用卤钨灯》、GB 14196.3—2008《白炽灯安全要求 第3部分：卤钨灯（非机动车辆用）》，分别对应IEC 60432-1：2005《白炽灯安全要求 第1部分：家庭和类似场合普通照明用钨丝灯》（第2.1版）、IEC 60432-2：2005《白炽灯安全要求 第2部分：家庭和类似场合普通照明用卤钨灯》（第2.1版）和IEC 60432-3：2005《白炽灯安全要求 第3部分：卤钨灯（非机动车辆用）》（第1.1版），GB 14196系列标准与IEC 60432系列标准对应关系如表2-4所示。

表2-4　GB 14196系列标准与IEC 60432系列标准对应关系

序号	GB 标准号	GB 标准名称	IEC 标准号及版本	IEC 最新标准号及版本
1	GB 14196.1—2008	白炽灯安全要求 第1部分：家庭和类似场合普通照明用钨丝灯	IEC 60432-1：2005（ed1.0）	IEC 60432-3：2012（ed2.0）
2	GB 14196.2—2008	白炽灯安全要求 第2部分：家庭和类似场合普通照明用卤钨灯	IEC 60432-2：2005（ed2.0）	IEC 60432-2：1999+AMD1：2005+AMD2：2012 CSV（ed2.2）
3	GB 14196.3—2008	白炽灯安全要求 第3部分：卤钨灯（非机动车辆用）	IEC 60432-3：2005（ed1.0）	IEC 60432-3：2012（ed2.0）

其中，GB 14196.1规定了用于普通照明用白炽钨丝灯的安全和相关的互换性要求，适用于额定功率≤200 W；额定电压处于50 V—250 V之间（含50 V和250 V）；玻壳形状为A，B，C，G，M，P，PS，PAR，R，或者具有相同用途的其他形状的玻壳；经过表面处理的各种玻壳；灯头为B15d，B22d，E12，E14，E17，E26，E26d，E25／50×39，E27或E27／51×39等特征的灯泡。用途相同的、采用其他形状玻壳和灯头的灯泡也可以参照使用。本部分规定了制造商为表明其产品符合本部分所应采用的方法，此方法以对全部产品的评定为基础，并与成品灯的试验记录有关。本方法也可用于认证。本部分还规定了对批量产品作有限评定的检验程序细则。本部分中只规定了产品的安全要求，而未涵盖其性能要求，如光通量、寿命、功率消耗等。对于普通照明用钨丝灯中常见型号在这些方面的要求，可参照IEC 60064标准。

GB 14196.2规定了普通照明用卤钨灯的安全和互换性要求，包括直接代替传统钨丝灯的卤钨灯和GB 14196.1中没有做相应规定的新型卤钨灯，这些卤钨灯的安全和互换性要求需要同GB 14196.1的规定结合使用。适用于额定功率≤250 W；额定电压处于50 V—250 V之间（含50 V和250 V）；灯头为B15d，B22d，E12，E14，E17，E26，E26d，E25／50×39，E27或E27／51×39等特征的灯泡。

GB 14196.3规定了额定电压＜250 V，用于投影（包括电影放映和静止投影）、摄影（包括摄影棚）、泛光照明、特殊用途照明、一般用途照明、舞台照明等用途的单端和双端卤钨灯的安全要求，不适用于GB 14196.2中所规定的用于替代传统钨丝灯的普通照明用单端卤钨灯。

（3）GB 19510系列标准。该系列标准一共有14部分，等同采用IEC 61347系列，规定了各类灯具的镇流器、启动装置（辉光启动器除外）、电子降压转换器、电子换流器、变频器等控制装置在爬电距离、电气间隙、接地规定、接线端子、耐热、防火、耐漏电起痕、防潮与绝缘、防触电保护等各方面的安全要求，GB 19510系列标准与IEC 61347系列标准对应关系见表2-5。其中，第1部分GB 19510.1规定了大多数灯的控制装置普遍适用的一般要求、安全要求与相关试验；其余部分标准GB 19510.2—GB 19510.210规定了各类灯具控制装置的特殊要求。上述所有标准均不能单独使用，第2部分的每一个标准必须和第1部分标准一起使用。

表2-5　GB 19510系列标准与IEC 61347系列标准对应关系

序号	GB 标准号	GB 标准名称	IEC 标准号及版本	IEC 最新标准号及版本
1	GB 19510.1—2009	灯的控制装置 第1部分：一般要求和安全要求	IEC 61347-1：2007（ed2.0）	IEC 61347-1：2015（ed3.0）
2	GB 19510.2—2009	灯的控制装置 第2部分：启动装置（辉光启动器除外）的特殊要求	IEC 61347-2-1：2006（ed1.1）	IEC 61347-2-1：2000/AMD2：2013（ed2.0）
3	GB 19510.3—2009	灯的控制装置 第3部分：钨丝灯用直流／交流电子降压转换器的特殊要求	IEC 61347-2-2：2006（ed1.0）	IEC 61347-2-2：2011（ed2.0）
4	GB 19510.4—2009	灯的控制装置 第4部分：荧光灯用交流电子镇流器的特殊要求	IEC 61347-2-3：2000 A1：2004 A2：2006（ed1.0）	IEC 61347-2-3：2011/AMD1：2016（ed2.0）

序号	GB 标准号	GB 标准名称	IEC 标准号及版本	IEC 最新标准号及版本
5	GB 19510.5—2005	灯的控制装置 第5部分：普通照明用直流电子镇流器的特殊要求	IEC 61347–2–4：2000（ed1.0）	IEC 61347–2–4：2000（ed1.0,已废止）
6	GB 19510.6—2005	灯的控制装置 第6部分：公共交通运输工具照明用直流电子镇流器的特殊要求	IEC 61347–2–5：2000（ed1.0）	IEC 61347–2–5：2000（ed1.0,已废止）
7	GB 19510.7—2005	灯的控制装置 第7部分：航空器照明用直流电子镇流器的特殊要求	IEC 61347–2–6：2000（ed1.0）	IEC 61347–2–6：2000（ed1.0,已废止）
8	GB 19510.8—2009	灯的控制装置 第8部分：应急照明用直流电子镇流器的特殊要求	IEC 61347–2–7：2006（ed2.0）	IEC 61347–2–7：2011/AMD1：2017（ed3.0）
9	GB 19510.9—2009	灯的控制装置 第9部分：荧光灯用镇流器的特殊要求	IEC 61347–2–8：2006（ed1.0）	IEC 61347–2–8：2000/AMD1：2006/COR1：2012（ed1.0）
10	GB 19510.10—2009	灯的控制装置 第10部分：放电灯（荧光灯除外）用镇流器的特殊要求	IEC 61347–2–9：2003（ed1.0）	IEC 61347–2–9：2012（ed2.0）
11	GB 19510.12—2005	灯的控制装置 第12部分：与灯具联用的杂类电子线路的特殊要求	IEC 61347–2–11：2001（ed1.0）	IEC 61347–2–11：2001+AMD1：2017 CSV（ed1.1）
12	GB 19510.13—2007	灯的控制装置 第13部分：放电灯（荧光灯除外）用直流或交流电子镇流器的特殊要求	IEC 61347–2–12：2005（ed1.0）	IEC 61347–2–12：2005+AMD1：2010 CSV（ed1.1）
13	GB 19510.14—2009	灯的控制装置 第14部分：LED 模块用直流或交流电子控制装置的特殊要求	IEC 61347–2–13：2006（ed1.0）	IEC 61347–2–13：2014+AMD1：2016 CSV（ed2.1）
14	GB 19510.210—2013	灯的控制装置 第2—10部分：高频冷启动管形放电灯（霓虹灯）用电子换流器和变频器的特殊要求	IEC 61347–2–10：2009（ed1.1）	IEC 61347–2–10：2000+AMD1：2008 CSV（ed1.1）

（4）其他安全标准，包括GB 16843—2008《单端荧光灯的安全要求》、GB 16844—2008《普通照明用自镇流灯的安全要求》、GB 18774—2002《双端荧光灯安全要求》、GB 19652—2005《放电灯（荧光灯除外）安全要求》、GB 21554—2008《普通照明用自镇流无极荧光灯 安全要求》、GB 24819—2009《普通照明

用LED模块 安全要求》、GB 24906—2010《普通照明用50 V以上自镇流LED灯 安全要求》、GB 30422—2013《无极荧光灯 安全要求》等8项标准，其中，除GB 21554—2008和GB 24906—2010未采用IEC标准外，其余均采用相应的IEC标准，与IEC标准对应关系见表2-6。

表2-6 GB 16843—2008等8项标准与相应IEC标准对应关系

序号	GB 标准号	GB 标准名称	IEC 标准号及版本	IEC 最新标准号及版本
1	GB 16843—2008	单端荧光灯的安全要求	IEC 61199：1999（ed2.0）	IEC 61199：2011+AMD1：2012+AMD2：2014 CSV（ed3.2）
2	GB 16844—2008	普通照明用自镇流灯的安全要求	IEC 60968：1999（ed1.0）	IEC 60968：2015/COR1：2015（ed3.0）
3	GB 18774—2002	双端荧光灯 安全要求	IEC 61195：1999（ed2.0）	IEC 61195：1999+AMD1：2012+AMD2：2014 CSV（ed2.2）
4	GB 19652—2005	放电灯（荧光灯除外）安全要求	IEC 62035：1999（ed1.0）	IEC 62035：2014+AMD1：2016 CSV（ed2.1）
5	GB 21554—2008	普通照明用自镇流无极荧光灯 安全要求	未采标	未采标
6	GB 24819—2009	普通照明用 LED 模块 安全要求	IEC 62031：2008（ed1.0）	IEC 62031：2018（ed2.0）
7	GB 24906—2010	普通照明用 50 V 以上自镇流 LED 灯 安全要求	未采标	未采标
8	GB 30422—2013	无极荧光灯 安全要求	IEC 62532：2011（ed1.0）	IEC 62532：2011+AMD1：2016 CSV（ed1.1）

从以上分析可以看出，我国在采用国际标准时，起步晚、更新速度较慢。以GB 7000.1与IEC 60598-1标准更替情况为例，更新年代及标准对应情况如表2-7所示。由表2-7可知，截至2020年底IEC 60598-1先后有9个版本，我国GB 7000.1《灯具 第1部分：一般要求和试验》等同采用IEC 60598-1标准，但是起步要晚于IEC标准7年，先后有5个版本，除了GB 7000.1—2015修订比较接近IEC标准外，其余年份均较IEC标准滞后3—4年。

表2-7　GB/IEC标准更替（《灯具 第1部分：一般要求和试验》）

年份	IEC 标准号	GB 标准号
1979	IEC 60598-1：1979	
1986	IEC 60598-1：1986	GB 7000—1986
1992	IEC 60598-1：1992	
1996	IEC 60598-1：1996	GB 7000.1—1996
1999	IEC 60598-1：1999	
2002		GB 7000.1—2002
2003	IEC 60598-1：2003	
2007		GB 7000.1—2007
2008	IEC 60598-1：2008	
2014	IEC 60598-1：2014	
2015		GB 7000.1—2015
2020	IEC 60598-1：2020	

注：箭头表示等同采用。

2.1.2.2　电气装置安装工程施工及验收标准

除以上所述的照明产品安全标准外，其余强制性标准主要集中在电气装置安装工程施工及验收领域，这些标准的主编部门和批准部门均为中华人民共和国住房和城乡建设部，包括GB 50149—2010《电气装置安装工程 母线装置施工及验收规范（附条文说明）》、GB 50168—2018《电气装置安装工程 电缆线路施工及验收标准》、GB 50170—2018《电气装置安装工程 旋转电机施工及验收标准》、GB 50257—2014《电气装置安装工程 爆炸和火灾危险环境电气装置施工及验收规范（附条文说明）》、GB 50303—2015《建筑电气工程施工质量验收规范（附条文说明）》、GB 50617—2010《建筑电气照明装置施工与验收规范（附条文说明）》等6项标准。

2.2　南非照明电器标准法规概况

2.2.1　相关组织

南非贸易、工业和竞争部（Department Trade, Industry and Competition, DTIC）是由南非贸易和工业部（Department of Trade and Industry, DTI）与南非经

济发展部（the Economic Development Department，EDD）合并后成立的，既是南非照明行业的主管部门，也是南非标准化主管部门[①]。下设电工技术部门，主管照明行业发展；下设国家强制性规范监管机构（National Regulator for Compulsory Specifications，NRCS）、南非国家认证系统（South African National Accreditation Systems，SANAS）、南非标准局（South African Bureau of Standards，SABS）、南非国家计量学院（National Metrology Institute of South Africa，NMISA）等4项标准化、认证及计量机构，负责标准化、计量和认证的立法和政策制定。

SABS成立于1945年9月，它是根据1945年南非《国家标准法》（1945年第24号法案）成立的法定机构，并根据最新版本的2008年《国家标准法》（2008年第8号法案）继续运作，是南非的国家标准化机构，主要负责：制定、促进和维护南非国家标准（SANS）；提高商品、产品和服务相关的质量；提供合格评定服务，并协助与之相关的事项。SABS的标准司负责制定、发布和提供有关所有行业和服务业标准的信息，标准司下设9个部门，其中，电工部门负责声学、替代能源、电力转换、配电和发电、线路码、电器和物理学领域标准的制定。因此，照明领域的标准主要由这个部门制定。南非标准法规定，SABS是国家标准的唯一制定和发布机构，其他政府部门如需制定国家标准只能通过SABS来进行，并由SABS组织专家制定，相关政府部门、用户、企业和有关利益各方面可派专家和技术人员参与标准制定活动，但商会、贸易机构和社团人员参与较少。

南非照明工程学会（Illumination Engineering Society of South Africa，IEESA）。南非最早的照明行业代表主要是南非国家照明委员会（South African National Committee on Illumination，SANCI）、南非照明工程师学会（Institute for Lighting Engineers of South Africa，ILESA）、南非照明协会（South African Lighting Association，SALA）等3个组织，其中，SANCI代表南非参与国际活动，并在各个主题的国际委员会中任职；ILESA重点负责南非照明领域的教育工作；SALA代表南非照明制造业参与诸如南非国家标准局认证（South African Bureau of Standards，SABS）等技术委员会组织活动。2002年，南非的一个委员会提出建立一个统一的照明机构的建议，2004年1月南非正式成立IESSA，该机构代表南非照明行业参与国际性活动，担任CIE的国家委员会，是世界与南非之间的联络者，

[①] 南非贸易和竞争部，http://www.thedtic.gov.za/，2021-05-13。

IESSA通过参与CIE活动，让南非照明产业及时掌握国际上最前沿的趋势和技术。南非在照明技术领域的各种主题专家在CIE国际委员会中工作，这些委员会负责制定照明不同方面的标准。ESSA设有自己的技术委员会，该委员会的设立主要是为了促进照明专业领域的信息沟通交流，代表IESSA成员行事，处理纠纷，并在行业中普遍推广高质量的灯具。

与大多数国家一样，南非的国家标准通过技术委员会（TC）来制定，并正致力于标准制定过程电子化和缩短标准制定发布时间。TC由政府、用户、厂商、消费者和其他相关方的专家组成，根据需要，还可邀请贸易等方面的代表参加。企业根据自身需要决定是否派专家参加TC活动，并且企业专家参加TC活动的经费由企业自己承担。经过立项的标准项目下达给相应的TC，由TC组织标准的起草和征求意见，形成标准草案并经过语言、技术等审查后，提交给一个由10人组成并设在SABS标准部的标准批准委员会来审定、批准。标准批准委员会也负责批准成立新的技术委员会和分技术委员会（SC）。截至2020年底，SABS下属有708个TC和SC，其中主要由SABS / TC 0064"照明和光学"负责照明和光学领域的标准化工作。该TC根据职责划分下设两个小组委员会，SABS/TC064/SC01：灯/光源和辅助设备和SABS/TC064/SC02：灯具，对应的相关工作组及负责领域情况见表2-8。

表2-8 南非照明电器相关的国家级标准化组织

TC 号	SC 号	WG 号	名称	专业范围
TC 0064			照明和光学	照明和光学领域的标准化
	SC01		灯 / 灯光和辅助设备	灯具 / 光源和辅助设备领域的标准化
		WG 01	LED	发光二极管领域的标准化
		WG 02	紫外线杀菌辐射（UVGI）	紫外线杀菌辐射领域的标准化
	SC02		灯具	灯具领域的标准化
		WG 01	室内照明和应急照明（SANS 10114-1 和 -2）	室内照明和应急照明领域的标准化
		WG 02	灯具（SANS 475）	灯具（SANS 475）领域的标准化
		WG 03	运动照明（SANS 10389-4）	运动照明领域的标准化
		WG 04	公共照明（SANS 10098-1）	公共照明领域的标准化
		WG 05	LED 灯管	LED 灯管领域的标准化
		WG 06	ARP 035	ARP 035 领域的标准化
		WG 07	紫外线杀菌照明（SANS 1186 系列）	紫外线杀菌照明领域的标准化

此外，南非的行业、协会、企业都可以有自己的标准；但在标准法中对企业、行业、协会的标准没有做专门规定，它们不具备国家标准的法律效力，不能为法律法规所引用。SABS还与行业、协会签署了合作备忘录，当行业、协会制定的技术规范要上升为国家标准时，由SABS监管其制定程序，使其最终达成一致。在法律纠纷中，国家标准可以作为法律依据，而行业、协会和企业标准则不能。此外，南非的SATS标准也不具备国家标准地位。

2.2.2　相关法律法规及标准

2.2.2.1　法律法规

南非的标准中大部分为自愿采用的标准，仅有少部分为强制性标准。SABS将这些强制性标准称作"法定强制规范"，相当于WTO/TBT中的技术法规[①]。各政府部门制定的技术法规均统一由SABS向WTO/TBT通报。在标准等效性上，由不同的标准化组织（例如ISO，IEC和EN）发布的标准，只有经南非认可的合格评定机构以声明报告的形式证明在技术上等同于南非国家标准的情况下，才可被接受。目前，照明领域主要有VC 8011《灯座强制性规范》、VC 8039《管状荧光灯启动器强制性规范》、VC 8036《断路器强制性规范》、VC 8043《白炽灯强制性规范》、VC 8055《电子电气设备强制性规范》、VC 9012《电子照明设备的强制性规范》、VC 9091《单端荧光灯的强制性规范》、VC 9087《灯控制装置的强制性规范》、VC 9008《电气电子设备的能效和标签》、2009年11月13日第32694号政府公报第1066号公告《荧光灯辉光启动器强制性规范》，以及2009年2月6日第31844号政府公报《灯泡控制装置强制性规范》等几项强制性规范，这些强制性规范中往往会涉及引用相关国家标准。其中：

（1）VC 8011。该强制性规范涵盖了灯座和灯座适配器的安全要求，适用范围包括：螺丝灯座、卡口灯座和灯座适配器，引用了SANS 61184《卡口灯座》、SANS 60238《螺口灯座》等南非国家标准。

根据该强制性规范的规定，打算在南非市场销售的上述类型的灯座的批准申请应包括：申请批准的灯座类型和声称符合标准的详细信息；生产该类型灯座的制造工厂的详细信息；对于新申请，在提交给NRCS之日前不到36个月内发布符合

①童生华：《南非电子电气产品的强制性认证制度概述》，《电子质量》2010年第10期，第60—62页。

本强制性规范所有要求的符合性证明；批准期满时，只要满足先前批准的所有条件，就可以批准延期申请，此时应要求在提交给NRCS之日前不到60个月内发布符合相关强制性规范的所有要求的证明；产品上出现的识别标志和其他信息；以及NRCS可能会要求提供任何合理的补充信息以澄清上述情况。NRCS应评估申请人提供的合格证据，并应自行决定是否批准。

（2）VC 9012。该强制性规范涵盖了电子照明设备的一般要求，并包括可在高达1000 V的电源电压下运行的电光源，此类设备通常可通过正常的零售分销渠道购买，并且旨在供普通人使用，其中包括：可移式（便携式）灯具，包括手提灯、儿童用可移式（便携式）灯具、庭园用可移式（便携式）灯具、灯串、备用照明灯具等；家庭装饰用固定式通用灯具，包括吊灯、水族箱灯具、壁挂式灯具、为定期调节设计的照明设备，地面嵌入式灯具等；家用卤素灯的泛光灯，额定功率＜50 W的LED光源的泛光灯；家用额定功率＜70 W的高压气体放电灯（HID），以及摄影和胶片灯具（非专业）。该强制性规范引用了SANS 60598-1《灯具 第1部分：一般要求和测试》、SANS 60598-2-×系列标准（特殊要求）、SANS 475《室内照明灯具、道路照明、泛光照明 性能要求》等南非国家标准。通常由技术人员或有经验的人员安装的灯具不包括在VC 9012中，这些包括：道路和街道照明灯具；舞台照明和电视、电影及摄影工作室（专业）的灯具；商业和工业应用的固定和嵌入式灯具；商业和工业应用的功率为70 W的HID灯或功率为50 W的LED光源的泛光灯；应急照明灯具；信号灯；用于危险环境的灯具；专为工业目的设计和销售的灯具；设计用于在特殊条件下使用的灯具，例如爆炸性环境和安全特低电压（SELV）灯具（供电电源＜50 V的灯具）。

根据该强制性规范的规定，对于未经产品认证的灯具应进行批准申请。批准申请应包括：申请批准的灯具类型和标准的详细信息声称符合的内容；生产该类型灯具的制造工厂的详细信息；对于新申请，在提交给NRCS之日前不到36个月内发布符合本强制性规范所有要求的符合性证明；批准期满时，只要满足先前批准的所有条件，就可以批准延期申请，在这种情况下，应要求在提交给NRCS之日前不到60个月内发布符合相关强制性规范的所有要求证明；产品上出现的识别标志和其他信息；以及为了澄清以上内容，NRCS可能会要求提供任何合理的补充信息。

对于具有产品认证的灯具（或总体上相同构造的照明设备系列），批准申请应包括：申请批准的灯具类型和声称符合标准的详细信息；生产灯具类型的制造工厂的详细信息；对于新申请，应在提交给NRCS之日起少于36个月之内发布VC 9012中"7.2"所述的符合性证明，以及该强制性规范的所有要求；批准期满（LOA认证）后，只要满足产品认证的所有条件，就可以批准新的LOA认证，在这种情况下，必须提供有效的产品证书和生产合格证；产品或产品包装上的识别标记和其他信息（产品应带有适当的产品认证标志）；此外，NRCS可能会要求提供任何合理的补充信息以澄清上述情况。

此外，申请人应将影响本强制性规范中任何强制性要求的任何设计或材料更改通知NRCS。如果发生此类变更，NRCS可以自行决定要求申请人提交新的批准申请。申请人应按要求在5个工作日内，向NRCS提供关于本强制性规范范围内的任何类型灯具的满意批准证明。

（3）VC 8039。该强制性规范涵盖了符合南非适用的230 V±10%单相交流或400 V±10%三相交流管状荧光灯启动器安全要求。荧光灯启辉器应符合SANS 60155（IEC 60155）《荧光灯启辉器》的要求。申请人应向NRCS提交以下一种或多种其他形式的证据，以证明其符合本强制性规范的要求：按照NRCS合格评定政策，由IAFIILAC/IECEE相互认可计划的成员，经过适当认可的国际认可机构签发的IEC格式或NRCS可接受的任何等效格式的测试报告和证书；证书和测试报告应证明符合所有适用的强制性要求；合性的证据应追溯到所涉及的辉光启动器的特定型号和类型。

（4）VC 8036。该规范适用于连接额定电压不超过1000 V（交流电）或1500 V（直流电），额定电流不超过125 A及额定短路断路器电容不超过10 kA电路的断路器。不包括：设备用断路器（CBE）；带有剩余电流断路器/漏电断路器；模块化剩余电流保护装置；开关、隔离器、隔离开关和熔断器组合电器。引用了南非国家标准SANS 556-1《低压开关设备 第1部分：断路器》。计划在南非市场销售的适用类型断路器（或具有大致相同结构的断路器系列）的批准申请应包括：批准的断路器类型和声称符合标准的详细信息；生产该类型断路器的制造工厂的详细信息；对于新申请，应在提交给NRCS之日起不到36个月内发布该强制性规范要求中所述的符合性证明，以及该强制性规范的所有要求；批准书（LOA）到期后，只要满足产品认证的所有条件，就可以批准续签LOA的申请，此时必须提供有效的产品证书和生产合格证书（不少于18个月）；产品上出现的识别标志和其他信息；NRCS可能会要求提供任何合理的补充信息以澄清上述情况。

认证体系应包括以下内容：认证机构要求的生产现场的样品；通过测试确定样品的特性；对生产过程和质量体系的初步评估；测试报告的评估；制造商认证决定；授予制造商认证；对生产过程和质量体系的监督，以及通过对工厂和市场样品的测试进行监督。此外，涵盖本条款要求的ISO/IEC 17067《认证 合格评定 产品认证的基础知识和产品认证计划的准则》中设想的"方案5"认证也应被视为符合这些要求。

（5）VC 8043。该强制性规范涵盖了具有额定功率在1500 W以下（含）；额定电压250 V；以及任何材质、形状和光洁度的家用和类似普通照明用途白炽灯的安全要求（见表2-9）。不适用于：指示灯；非家用和一般照明用的特殊灯；汽车灯；电压≤12 V的超低压灯；耐高温和防震灯等。该强制性规范引用了SANS 60432-1《白炽灯安全规范 第1部分：家用和类似普通照明用钨丝灯》、SANS 60432-2《白炽灯安全规范 第2部分：家用和类似普通照明用卤钨灯照明》、SANS 60432-3《白炽灯安全规范 第3部分：卤钨灯（非车辆）》、SANS 60064《家用和类似一般照明用钨丝灯 性能要求》、SANS 60357《卤钨灯（非车辆）性能要求》等南非国家标准。

表2-9　VC 8043对白炽灯最低性能、质量和能源效率的要求参数

参数	要求
灯效	$\geq \Phi/（0.704* \sqrt{（\Phi）}+0.0392*\Phi）$ lm/W
流明维持率	≥ 85%，在额定寿命的75%时测得
灯寿命	≥ 1000 hr
故障率	100 小时内≤ 5.0%

（6）VC 9091。该强制性规范适用于一般照明用途单端管状荧光灯和其他内置控制启动和稳定操作装置的放电灯（自镇流灯）的能效、安全、性能和其他互换性要求，适用的额定功率不超过60 W，额定电压为100 V—250 V的交流电灯具，2G7，2GX7，GR8，2G10，G10q，GR10q，GX10q，GY10q，2G11，2GX11，GR14q，G23，GX23，G24，GX24，GX24q，G24d，GX32以及圆螺纹或卡口灯座。该强制性规范引用了SANS 61199《单端荧光灯 安全规范》、SANS 60968《普通照明用自镇流荧光灯 安全要求》、SANS 60901《单端荧光灯 性能要求》、ANS 60969《普通照明用自镇流荧光灯 性能要求》等南非国家标准。

根据该强制性规范，单端荧光灯应符合SANS 61199的安全要求，普通照明用自镇流荧光灯应符合SANS 60968的安全要求，单端荧光灯的性能要求应符合SANS 60901中"附件AA"的要求，普通照明用自镇流荧光灯的性能要求应符合SANS 60969中"附件AA"的要求。制造商或进口商在出售前应向NRCS申请批准每种类型和型号的单端荧光灯。各种类型的单端荧光灯的批准申请应包括：申请批准的各类型单端荧光灯的详细信息和声称符合的标准；生产单端荧光灯制造工厂的详细信息；对于新申请，应在提交给NRCS之日起少于36个月之内发布本规范所要求的符合性证明，以及该强制性规范的所有要求；产品上出现的识别标志和其他信息；NRCS可能要求的任何合理的补充信息。批准期满后，如果提交了以下文件，则可以批准延期申请：在向NRCS提交之日起不到24个月之前签发的生产合格证明；主管机构签发的产品证书；确认持续符合SANS/IEC 60968和SANS/IEC 60969或SANS/IEC 61199以及SANS 60901的有效测试报告。

此外，制造商和/或进口商应要求在5个工作日内，向NRCS提供关于本强制性规范范围内的任何单端荧光灯的合格证明，以及符合本强制性规范要求的生产证明。

2.2.2.2 标准

在标准制定方面，截至2020年底，南非照明相关标准共有121项，其中具有国家标准地位的标准118项，其中这118项中，采用IEC标准101项，采标率85.59%，大多南非照明产品标准是直接引用IEC标准，或者直接采用IEC标准；此外，也有诸如SANS 50285—2010《家用电灯的能源效率 测量方法》等标准采用了欧盟标准。由于南非在采用IEC标准时，都是等同采用，标准的编号与IEC保持一致，即SANS 6××××命名的标准均未采用IEC标准。从标准内容看，照明产品的相关标准主要集中在测试、性能要求、安全要求等几个方面。其中，安全标准63项，占南非国家标准总数的53.39%；性能标准17项，占南非国家标准总数的14.41%；能效测量标准4项，占南非国家标准总数的3.39%，具体情况见表2-10所示。

表2-10 南非照明相关标准

序号	标准号	标准名称	实施年份
1	SABS IEC 60238—2019	螺口灯座	2019
2	SABS IEC 60570—2018	灯具供电线路系统	2018
3	SABS IEC 61347-203—2017	灯具控制装置 第2—3部分：交流和直流电荧光灯电子控制装置的特殊要求	2017

序号	标准号	标准名称	实施年份
4	SABS IEC 61347-2-11—2018	灯具控制装置 第2—11部分：灯具用杂类电子电路的特殊要求	2018
5	SANS 1041—2004	普通照明用管形荧光灯	2004
6	SANS 1088—2004	灯具的接头和插头	2004
7	SANS 1266—2007	放电灯镇流器（管形荧光灯除外）	2007
8	SANS 1267—2012	天空辉光的最小化指南	2012
9	SANS 1376-1—2008	机动车灯第1部分：白炽灯	2008
10	SANS 1459—2015	交通灯	2015
11	SANS 1464-22—2016	灯具安全 第22部分：应急照明灯具	2016
12	SANS 1662—2016	用于>50V的普通照明用自镇流LED灯管 安全要求	2016
13	SANS 1664—2014	半灯具T5荧光灯 安全要求	2014
14	SANS 1814—2013	直流荧光灯灯具	2013
15	SANS 1888—2011	交通信号灯用白炽灯	2011
16	SANS 20037—2012	关于批准用于机动车辆及其挂车的认可灯具中灯丝的统一规定	2012
17	SANS 20112—2011	关于批准配有白炽灯或发光二极管（LED）模块的摩托车发出非对称近光、远光或二者都发的前照灯的统一规定	2011
18	SANS 475—2013	室内照明灯具、道路照明、泛光照明 性能要求	2013
19	SANS 50285—2010	家用电灯的能源效率 测量方法	2010
20	SANS 60064—2007	家用和类似一般照明用钨丝灯 性能要求	2007
21	SANS 60081—2006	双端荧光灯 性能要求	2006
22	SANS 60155—2007	荧光灯用辉光起动器	2007
23	SANS 60188—2001	高压汞蒸气灯 性能规范	2001
24	SANS 60192—2001	低压钠蒸气灯 性能规范	2002
25	SANS 60238—2020	螺口灯座	2020
26	SANS 60357—2012	卤钨灯（非车辆）性能要求	2012
27	SANS 60399—2010	带灯罩环的灯座用筒形螺纹	2010
28	SANS 60400—2020	管状荧光灯灯座和启动器	2020
29	SANS 60432-1—2013	白炽灯安全规范 第1部分：家用和类似普通照明用钨丝灯	2013

序号	标准号	标准名称	实施年份
30	SANS 60432-2—2013	白炽灯安全规范 第2部分：家用和类似普通照明用卤钨灯照明	2013
31	SANS 60432-3—2013	白炽灯安全规范 第3部分：卤钨灯（非车辆）	2013
32	SANS 60570—2018	灯具供电线路系统	2018
33	SANS 60598-1—2014	灯具 第1部分：一般要求和测试	2014
34	SANS 60598-2-1—2020	灯具 第2—1部分：特殊要求 固定式通用灯具	2020
35	SANS 60598-2-2—2013	灯具 第2—2部分：特殊要求 嵌入式灯具	2013
36	SANS 60598-2-3—2013	灯具 第2—3部分：特殊要求 道路与街路照明灯具	2013
37	SANS 60598-2-4—2020	灯具 第2—4部分：特殊要求 便携式通用灯具	2020
38	SANS 60598-2-5—2016	灯具 第2—5部分：特殊要求 泛光灯	2016
39	SANS 60598-2-6—1994	灯具 第2部分：特殊要求 第6节 内装变压器的钨丝灯灯具	2000
40	SANS 60598-2-7—1982	灯具 第2部分：特殊要求 第7节 庭院用可移式灯具	2000
41	SANS 60598-2-8—2013	灯具 第2—8部分：特殊要求 手提灯	2013
42	SANS 60598-2-9—1987	灯具 第2部分:特殊要求 第9节 照片和胶片灯具(非专业）	2000
43	SANS 60598-2-10—2003	灯具 第2—10部分：特殊要求 儿童用可移式灯具	2003
44	SANS 60598-2-11—2013	灯具 第2—11部分：特殊要求 水族箱灯具	2013
45	SANS 60598-2-12—2013	灯具 第2—12部分：特殊要求 电源插座安装的夜灯	2013
46	SANS 60598-2-13—2007	灯具 第2—13部分：特殊要求 地面嵌入式灯具	2007
47	SANS 60598-2-14—2009	灯具 第2—14部分：特殊要求 使用冷阴极管形放电灯（霓虹灯）和类似设备的灯具	2009
48	SANS 60598-2-17—2019	灯具 第2部分：第17节 特殊要求 舞台灯光、电视、电影及摄影场所（室内外）用灯具	2019
49	SANS 60598-2-18—1993	灯具 第2部分：特殊要求 第18节 游泳池和类似用途的灯具	2000
50	SANS 60598-2-19—1981	灯具 第2部分：特殊要求 第19节 通风式灯具（安全要求）	2000
51	SANS 60598-2-20—2016	灯具 第2—20部分：特殊要求 灯串	2016
52	SANS 60598-2-21—2015	灯具 第2—21部分：特殊要求 绳灯	2015
53	SANS 60598-2-23—2001	灯具 第2—23部分：特殊要求 钨丝灯用特低电压照明系统	2002

序号	标准号	标准名称	实施年份
54	SANS 60598-2-24—2014	灯具 第2—24部分：特殊要求 限制表面温度的灯具	2014
55	SANS 60598-2-25—1994	灯具 第2—25部分：特殊要求 医院和康复大楼诊所用灯具	2000
56	SANS 60662—2003	高压钠蒸气灯	2003
57	SANS 60838-1—2019	杂类灯座 第1部分：一般要求和测试	2019
58	SANS 60838-2-2—2013	杂类灯座 第2—2部分：特殊要求 用于LED模块连接器	2013
59	SANS 60838-2-3—2017	杂类灯座 第2—3部分：特殊要求 双端线性LED灯灯座	2017
60	SANS 60901—2008	单端荧光灯 性能要求	2008
61	SANS 60921—2006	管形荧光灯镇流器 性能要求	2006
62	SANS 60923—2007	灯具控制装置 放电灯（管形荧光灯除外）用镇流器 性能要求	2007
63	SANS 60925—2001	管形荧光灯用直流供电电子镇流器 性能要求	2002
64	SANS 60927—2014	灯附件 起动装置（辉光起动器除外）性能要求	2014
65	SANS 60929—2012	管形荧光灯用交流和/或直流电子镇流器 性能要求	2012
66	SANS 60968—2016	普通照明用自镇流荧光灯 安全要求	2016
67	SANS 60969—2010	普通照明用自镇流荧光灯 性能要求	2010
68	SANS 61047—2005	白炽灯用直流或交流电源的电子降压转换器 性能要求	2005
69	SANS 61048—2016	灯附件 管状荧光灯和其他放电灯电路用电容器 一般要求和安全要求	2016
70	SANS 61049—1991	用于管状荧光和其他放电灯电路的电容器 性能要求	1993
71	SANS 61184—2020	卡口灯座	2020
72	SANS 61195—2015	双端荧光灯 安全规范	2015
73	SANS 61199—2015	单端荧光灯 安全规范	2015
74	SANS 61231—2013	国际灯具编码系统（ILCOS）	2013
75	SANS 61347-1—2015	灯的控制装置 第1部分：一般要求和安全要求	2015
76	SANS 61347-2-1—2014	灯的控制装置 第2—1部分：启动装置（辉光启动器除外）的特殊要求	2014
77	SANS 61347-2-2—2013	灯的控制装置 第2—2部分：钨丝灯用直流/交流电子降压转换器的特殊要求	2013
78	SANS 61347-2-3—2017	灯具控制装置 第2—3部分 荧光灯用交流电子镇流器的特殊要求	2017

序号	标准号	标准名称	实施年份
79	SANS 61347-2-4—2000	灯的控制装置 第2—4 部分：普通照明用直流电子镇流器的特殊要求	2001
80	SANS 61347-2-7—2020	灯的控制装置 第2—7 部分：应急照明用直流电子镇流器的特殊要求	2020
81	SANS 61347-2-8—2007	灯的控制装置 第2—8 部分：荧光灯用镇流器的特殊要求	2007
82	SANS 61347-2-9—2013	灯的控制装置 第2—9 部分：放电灯（荧光灯除外）用镇流器的特殊要求	2013
83	SANS 61347-2-10—2010	灯的控制装置 第2—10 部分：冷启动管状放电灯（氖管）的高频运行用电子逆变器和变流器的特殊要求	2010
84	SANS 61347-2-11—2018	灯具控制装置 第2—11 部分：与灯具联用的杂类电子线路的特殊要求	2018
85	SANS 61347-2-13—2015	灯的控制装置 第2—13 部分：LED 模块用直流或交流电子控制装置的特殊要求	2015
86	SANS 61549—2005	杂类灯	2005
87	SANS 61995-1—2016	家用和类似用途灯具连接设备 第1 部分：一般要求	2016
88	SANS 61995-2—2016	家用和类似用途灯具连接设备 第2 部分：DCL 用标准清单	2016
89	SANS 62031—2015	普通照明用 LED 模块 安全规范	2015
90	SANS 62034—2008	电池供电的应急逃生照明设备用自动测试系统	2008
91	SANS 62035—2015	放电灯（荧光灯除外） 安全规范	2015
92	SANS 62384—2008	LED 模块之交直流电源电子式控制装置 性能要求	2008
93	SANS 62386-101—2020	数字可寻址照明接口 第101 部分：一般要求 系统组件	2020
94	SANS 62386-102—2020	数字可寻址照明接口 第102 部分：一般要求 控制装置	2020
95	SANS 62386-103—2020	数字可寻址照明接口 第103 部分：一般要求 控制设备	2020
96	SANS 62386-201—2014	数字可寻址照明接口 第201 部分：控制设备的特殊要求 荧光灯（设备类型 0）	2014
97	SANS 62386-202—2013	数字可寻址照明接口 第202 部分：控制设备的特殊要求 自备应急照明（设备类型 1）	2013
98	SANS 62386-203—2013	数字可寻址照明接口 第203 部分：控制设备的特殊要求 放电灯（不包括日光灯）（设备类型 2）	2013
99	SANS 62386-204—2013	数字可寻址照明接口 第204 部分：控制设备的特殊要求 低电压卤素灯（设备类型 3）	2013

序号	标准号	标准名称	实施年份
100	SANS 62386-205—2013	数字可寻址照明接口 第 205 部分：控制设备的特殊要求 白炽灯电源电压控制器（设备类型 4）	2013
101	SANS 62386-207—2013	数字可寻址照明接口 第 207 部分：控制设备的特殊要求 LED 模块（设备类型 6）	2013
102	SANS 62386-208—2013	数字可寻址照明接口 第 208 部分：控制设备的特殊要求 开关功能（设备类型 7）	2013
103	SANS 62386-209—2012	数字可寻址照明接口 第 209 部分：控制设备的特殊要求 色彩控制（设备类型 8）	2012
104	SANS 62386-210—2012	数字可寻址照明接口 第 210 部分：控制设备的特殊要求 音序器（设备类型 9）	2012
105	SANS 62442-1—2012	灯控制装置的效率要求 第 1 部分：荧光灯控制装置 控制装置线路总输入功率和控制装置效率的测量方法	2012
106	SANS 62442-2—2014	灯控制装置的效率要求 第 2 部分：高强度放电灯（荧光灯除外）的控制设备 确定控制设备效率的测量方法	2014
107	SANS 62442-3—2014	灯控制装置的效率要求 第 3 部分：卤钨灯和 LED 模块 控制装置效率的测量方法	2014
108	SANS 62504—2020	通用照明 发光二极管（LED）产品和相关设备 术语和定义	2020
109	SANS 62532—2016	无极荧光灯 安全要求	2016
110	SANS 62554—2012	测量荧光灯内汞含量的样品的制备	2012
111	SANS 62560—2016	普通照明用 50 V 以上自镇流 LED 灯 安全要求	2016
112	SANS 62612—2016	普通照明用 50 V 以上自镇流 LED 灯 性能要求	2016
113	SANS 62733—2017	电子灯控制装置的可编程元件 总则和安全要求	2017
114	SANS 62756-1—2016	数字负载侧传输照明控制（DLT） 第 1 部分：基本要求	2016
115	SANS 62838—2016	电源电压不超过交流均方根 50 V 或者无波纹直流 120 V 的通用照明发光二极管（LED）灯 安全规范	2016
116	SANS 62931—2018	GX16t-5 型管状 LED 灯 安全规范	2018
117	SANS 890-1—2007	荧光灯镇流器 第 1 部分：带启动器的灯用镇流器（A 类灯）	2007
118	SANS 890-2—2013	荧光灯镇流器 第 2 部分：不带启动器的灯用镇流器（B 类灯）	2013
119	SATS 1706—2016（非国标）	UVGI 灯具 安全要求和性能要求	2016
120	SATS 17576—2014（非国标）	用于室内照明、路灯照明、泛光照明的发光二极管灯 性能要求	2014
121	SATS 62972—2019（非国标）	普通照明 有机发光二极管（OLED）产品和相关设备 术语和定义	2019

从照明产品类型看，节能灯类主要采用IEC 60968标准，LED灯产品采用IEC 60958标准，通用灯具上采用IEC 60598系列标准。以管形荧光灯相关标准为例，南非管形荧光灯相关标准由SABS/TC 064/SC 01制定，主要采用IEC标准，包括SANS 1041《普通照明用管形荧光灯》、SANS 60081《双端荧光灯性能要求》、SANS 60901《单端荧光灯性能要求》、SANS 61195《双端荧光灯安全规范》、SANS 61199《单端荧光灯安全规范》等。其中，SANS 1041标准规定了在10℃—40℃的室温下，带或不带启动器的普通照明用管状预热阴极灯的通用要求。该标准不能单独使用，需与其他4个标准配合使用。相关标准与IEC标准对应关系如表2-11。可见，南非管形荧光灯标准与IEC标准版本保持高度一致。

表2-11 南非管形荧光灯标准与IEC标准版本对应关系

序号	SANS 标准号	SANS 标准名称	IEC 标准号及版本	IEC 最新标准号及版本
1	SANS 60081—2006	双端荧光灯 性能要求	IEC 60081：1997/AMD6：2017（ed5.0）	IEC 60081：1997/AMD6：2017（ed5.0）
2	SANS 60901—2008	单端荧光灯 性能要求	IEC 60901：1996/AMD5：2011（ed2.0）	IEC 60901：1996/AMD6：2014（ed2.0）
3	SANS 61195—2015	双端荧光灯 安全规范	IEC 61195：1999+AMD1：2012+AMD2：2014 CSV（ed2.2）	IEC 61195：1999+AMD1：2012+AMD2：2014 CSV（ed2.2）
4	SANS 61199—2015	单端荧光灯 安全规范	IEC 61199：2011+AMD1：2012+AMD2：2014 CSV（ed3.2）	IEC 61199：2011+AMD1：2012+AMD2：2014 CSV（ed3.2）

2.2.2.2.1 安全标准

南非照明产品安全标准共有63项，当中采用IEC标准有60项，采标率95.24%，主要分为以下几个系列。

（1）SANS 60432系列。该系列标准一共3个部分，等同采用IEC 60432系列，与中国标准GB 14196系列对应。

（2）SANS 60598系列。该系列标准一共23个部分，等同采用IEC 60598系列，与中国标准GB 7000系列对应。

（3）SANS 61347系列。该系列标准一共10个部分，等同采用IEC 61347系列，与中国标准GB 19510系列对应。

（4）SANS 62386系列。该系列标准一共9个部分，等同采用IEC 62386系列，与中国标准GB/T 30104系列对应。

（5）其他，包括SANS 1662《用于＞50 V的普通照明用自镇流LED灯管 安全要求》（未采标）、SANS 1664《半灯具T5荧光灯 安全要求》（未采标）、SANS 62031《普通照明用LED模块 安全规范》（采用IEC 62031）、SANS 62035《放电灯（荧光灯除外） 安全规范》（采用IEC 62035）、SANS 62532《无极荧光灯 安全要求》（采用IEC 62532）、SANS 62560《普通照明用50 V以上自镇流LED灯 安全要求》（采用IEC 62560）、SANS 62733《电子灯控制装置的可编程元件 总则和安全要求》（采用IEC 62733）、SANS 62838《电源电压不超过交流均方根50 V或者无波纹直流120 V的通用照明发光二极管（LED）灯 安全规范》（采用IEC 62838）、SANS 62931《GX16t–5型管状LED灯 安全规范》（采用IEC 62931）等标准。

2.2.2.2.2　性能标准

南非照明产品性能标准共17项，其中除SANS 475《室内照明灯具、道路照明、泛光照明 性能要求》1项未采标外，其余16项均采用IEC标准，采标率94.12%。

2.2.2.2.3　测试标准

南非照明产品能效测试标准共4项，其中SANS 50285《家用电灯的能源效率 测量方法》采用欧盟标准EN 50285，其余3项均采用IEC标准，采标率100%。

SANS 50285在等同采用欧盟标准EN 50285的基础上，增加了关于灯的能效标签附录，能效等级计算所需的标签设计和技术信息来自98/11/EC指令。根据该标准，能效等级划分见表2–12。

表2-12　能效等级划分

能效等级	等效指标 E_1
B	$E_1 < 0.60$
C	$0.60 \leq E_1 < 0.80$
D	$0.80 \leq E_1 < 0.95$
E	$0.95 \leq E_1 < 1.10$
F	$1.10 \leq E_1 < 1.30$
G	$1.30 \leq E_1$

2.3　巴西照明电器标准法规概况

2.3.1　相关组织

巴西经济部（Ministério da Economia）成立于2019年，整合了原巴西财政部、规划部、发展部和管理部、工业部、外贸和服务部以及劳工部的职能，负责工业、贸易和服务的发展政策、知识产权和技术转让、对外贸易政策，以及管理计量、标准和工业质量等方面的工作[1]。巴西国家计量、标准化和工业质量理事会（CONMETRO），为领导和决策机构，负责国家计量政策的拟定、促进标准的制定，设置材料和产品的质量认证程序，由各部委和机构的代表组成。巴西国家计量、质量和技术研究所（INMETRO）是CONMETRO的执行秘书处，负责执行政府出台的各项有关技术和标准化方面的法律法规和CONMETRO的各项决定。此外，标准化、质量控制及产品认证、法定计量等3个分体系，分别由巴西技术标准协会（ABNT）、巴西质量管理协会（ABCQ）和国家计量研究所（INPN）负责[2]。相关标准化监管机构组织关系如见图2-2。

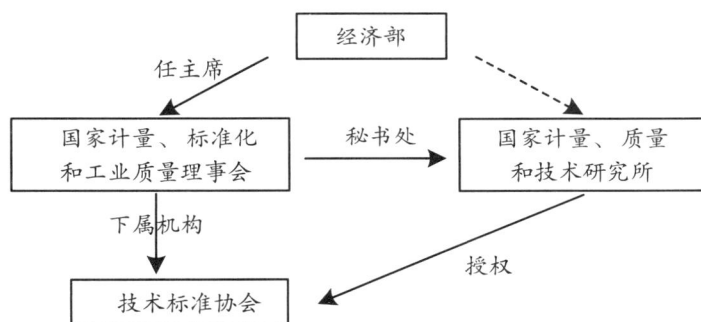

图2-2　巴西标准化监管机构组织关系图

ABNT成立于1940年，是巴西政府认可的非营利性社团组织，也是巴西标准化的主管机构，负责管理巴西的标准化进程。其主要业务包括：国家标准的制修订工作；开展产品质量认证及其他与标准化相关的活动；代表国家参与国际/区域

---

[1] 巴西经济部，https：//www.gov.br/economia/pt-br，2021-05-10。

[2] 潘薇，Nelson Al Assal Filho，魏利伟：《巴西标准化发展现状概述》，《标准科学》2013年第8期，第10—13页。

标准化活动。自1950年以来，巴西技术标准协会还参与了合格评定，并制订了产品、系统和环境标志的认证计划。ABNT于1947年加入ISO，它还是IEC、泛美标准委员会（COPANT）、南锥体共同市场标准化协会（AMN）的成员。ABNT内设机构有：总会（Assembleia Geral，AG）、审议委员会（Coselho Deliberativo，CD）、财务委员会（Coselho Fiscal，CF）、战略指导委员会（Comitê de Orientação Estratégica，COE）、执行委员会（Diretoria Executiva，DE）、技术委员会（Coselho Técbico，CT），设置情况参考图2-3。巴西技术标准协会与政府和社会和谐共处，致力于实施公共政策，促进市场发展，保护消费者和所有公民的安全。巴西标准协会下设有69个巴西委员会（CB），制定标准范围覆盖人身健康、安全、环境、农业、食品、基础设施、能源、建筑、机械、电子、通信信息、家居等众多领域。其中，ABNT/CB-003巴西电力电子照明和电信委员会（COBEI）代表巴西参与IEC组织的活动。

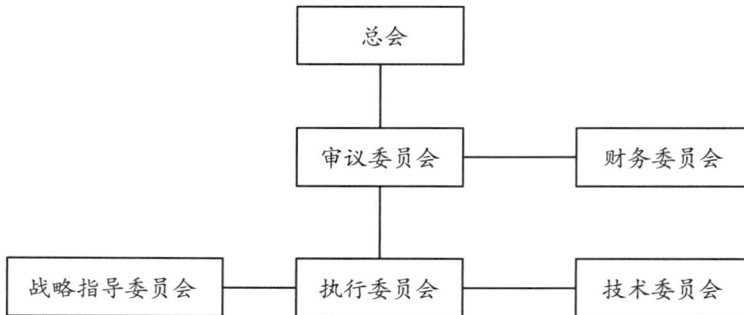

图2-3　ABNT机构设置

巴西电力电子照明和电信委员会（Comitê Brasileiro de Eletricidade，Eletrônica，Iluminação e Telecomunicações）是一个非营利性的私人法律民间协会。COBEI的主要职责有：为巴西电力委员会在国家层面的标准化活动提供技术、经济和财政支持；支付IEC的年金；积极参与IEC理事会、委员会和技术小组委员会；促进、传播、发展和支持电子电气技术标准化活动；参加涉及电气和电子行业技术标准化的论坛，以及增加国内外技术标准化公司和单位的代表性和参与度。

巴西照明行业协会（Association of the Brazilian Lighting Industry，Abilux）成立于1985年，是巴西照明行业的全国性组织，有约100家当地会员单位，下辖工作委员会包括：节能，环保，法务，税务，培训，公共关系，标准法规，对外贸易等。

2.3.2 相关法律法规及标准

2.3.2.1 法律法规

20世纪80年代以来，巴西矿产能源部、国家能源政策委员会、国家电力管理局和国家计量、标准化和工业质量协会根据巴西《国家节能与合理利用能源法》，制定和执行了一系列关于能效的政策和措施，包括PBE强制性能效标签计划、国家电力节能计划（PROCEL），以及合理利用国家能源计划（CONPET）等，鼓励生产商和消费者生产和购买高能效的节能产品。

在推广高效照明产品方面，巴西国家电力局、巴西标准管理局和生产厂商联合实施了一系列灯泡更新计划，如从财政预算中拨出一部分款额，以补贴的方式来降低节能灯以及LED产品的售价；规定于2016年6月完全禁止白炽灯，大力推广LED灯泡。根据2018年8月14日第9470号法令，以及在日本熊本市签署的《水俣公约》，巴西禁止生产、进出口含有汞的灯泡（包括汞蒸气灯、混合光灯和磁感应灯等一系列产品），这些灯具的截止日期为2020年12月31日，具有汞含量的其他灯具有剂量限制，并且暂时保留在市场上。此外，照明相关法律法规主要有以下几项：

（1）2010年12月8日第489号条例中，关于紧凑型荧光灯的镇流器与底座的合格评定要求。该条例中引用了CIE 84：1989《光通量的测量（第1版）》；CIE IEC 60081 《双端荧光灯 性能规范》附件B；IEC 60901 《单端荧光灯 性能规范》；IEC 60969《普通照明用自镇流灯的安全要求》普附录A；ABNT NBR 14538 《普通照明用带集成式镇流器的荧光灯 安全要求》；ABNT NBR 14539 《普通照明用带集成式镇流器的荧光灯 性能要求》；ABNT NBR IEC 60061-1《灯头和灯座以及可换性和安全性控制量规 第1部分：灯头》；CISPR 15《电气照明装置和类似装置的无线电骚扰特性的限值和测量方法》；NBR 14671 《家用钨丝灯和类似的通用照明设备 性能要求》等标准，以及引用了2000年2月18日第27号条例。

（2）2010年9月28日第382号法令。该法令批准了《关于低电压电气产品基本安全要求的南方共同市场技术法规》。

（3）2010年12月1日第454号条例中，关于室内灯电磁镇流器的合格评定要求。

（4）2011年6月21日第268号条例。该条例对低压电气设备必须具有的要求的强制性信息进行规定，其中涉及照明电器的具体要求见表2-13。

表2-13　巴西电气设备强制性信息要求

序号	低压电器类型	需要的信息	具体要求
1	管状荧光灯、卤素灯、白炽灯或LED灯的独立照明及应急照明电器	①制造商/进口商的名称、品牌或徽标 ②额定电压（V） ③电池电压，单位为伏特（V） ④带有光漫射器的标称光通量（lm） ⑤以小时（h）或分钟（min）的标称光通量 ⑥电池容量，以安培小时（Ah）为单位	组件必须分别遵守现行的INMETRO法令和CONMETRO决议的要求
2	无集成镇流器的管状/圆形荧光灯底座	①制造商/进口商的名称、品牌或徽标 ②功率瓦特（W）	①荧光灯端子的内部导电部分可能包含铁合金；②端子触点可以由铝制成
3	带镇流器的紧凑型荧光灯、圆形或彩色灯泡	①制造商/进口商的名称、品牌或徽标 ②功率瓦特（W） ③额定电压伏特（V） ④功率因数（Fp或PF或$\cos\alpha$） ⑤外壳外表面的最高允许温度摄氏度（℃）	套管可以是经过镍表面处理的黄铜或铝
4	装饰用白炽灯	①制造商/进口商的名称、品牌或徽标 ②功率瓦特（W） ③额定电压伏特（V）	①装饰白炽灯包括：直径≤45毫米且功率≤40 W专用于家用电器，用于烤箱、冰箱、冰柜的灯泡；特定用途灯泡（应用于温室、汽车、交通标志等）；反射性灯泡；装饰灯 ②衬套可以由铝制成
5	LED灯	①制造商/进口商的名称、品牌或徽标 ②功率瓦特（W） ③额定电压伏特（V） ④色温（K）	①LED灯的接触端子可能包含铁合金 ②衬套可以由黄铜或铝制成，并经过镍表面处理
6	吊灯和附件	①制造商/进口商/组装商的名称、品牌或标志 ②额定电压伏特（V） ③"最大功率"瓦特（W）	①上述信息可以被记录或通过标签指示 ②组件必须分别遵守现行的INMETRO法令和CONMETRO决议的要求

序号	低压电器类型	需要的信息	具体要求
7	圣诞软管灯	①制造商／进口商的名称、品牌或标志 ②额定电压伏特（V） ③机组的最大功率瓦特（W） ④对于带有白炽灯和LED的灯具， ⑤包装上的文字必须包含"注意：完全展开使用"	①电缆／软线的标称截面积必须与NBR NM IEC 60.335-1中确定的截面积兼容，即最小截面积为0.5 mm² ②组件必须分别遵守现行的INMETRO法令和CONMETRO决议的要求
8	圣诞灯饰	①制造商／进口商的名称、品牌或标志 ②额定电压伏特（V） ③机组的最大功率瓦特（W）	①微型灯的接触端子可以由铁类材料制成 ②电缆／软线的标称截面积必须与NBR NM IEC 60.335-1中确定的截面积兼容，即最小截面积为0.5 mm² ③组件必须分别遵守现行的INMETRO法令和CONMETRO决议的要求
9	荧光灯的插座	①制造商／进口商的名称、品牌或标志 ②额定电压伏特（V） ③功率瓦特（W）	——
10	白炽灯和紧凑型荧光灯的插座，螺口灯座	①制造商／进口商的名称、品牌或标志 ②额定电压伏特（V） ③功率瓦特（W）或额定电流安培（A）	①本条例将不涵盖那些具有特殊构造特征的插座，这些插座决定了它们在电器或家用电器中的专有用途 ②除固定或悬垂式插座外，插座必须有一个锁定系统，以防止在放置或卸下灯时意外旋转 ③必须保护插座的端子，以避免用户和导电部件之间的意外接触 ④插座的螺纹必须在其所有外径上都绝缘，并具有足够的深度以允许灯插座的整个插座，如NBR IEC 60061标准所述 ⑤插座的触点必须由铜、铜合金或铝制成 ⑥插座的螺纹必须由铜、铜合金或铝制成，不允许使用塑料线
11	卤素／二向色灯用电子变压器	①制造商／进口商的名称、品牌或标志 ②额定电源电压伏特（V） ③功率瓦特（W） ④电源频率赫兹（Hz） ⑤外壳外表面的最高允许温度摄氏度（℃） ⑥最高环境温度摄氏度（℃）	——

（5）2015年7月13日，审查授予带有集成控制装置的LED灯Procel节能印章的决议。INMETRO第144/2015号条例规定，自2015年12月17日起，在该国制造和进口带有集成设备的LED灯底座必须经过INMETRO认证并进行适当注册。

（6）2017年2月15日第20号条例中，关于街道公共照明灯具的规定。

（7）2019年5月24日第239号条例中，批准用于公共街道照明灯具的技术法规。

2.3.2.2 标准

巴西标准由巴西技术标准协会的巴西委员会（ABNT/CB），行业标准化组织（ABNT/ONS）和特殊研究委员会（ABNT/CEE）制定。巴西的产品标准大部分均以IEC和ISO标准为基础，主要包括三大类标准：第一类由ABNT制定，以NBR开头；第二类由IEC标准转化而来，同时融入了巴西国家差异部分，这类标准以NBR IEC开头；第三类属于南方共同市场协调标准，多数也是IEC标准直接翻译而来，这类标准以NBR NM IEC开头。

截至2020年底，巴西照明相关标准共有46项，其中：第一类标准（以NBR开头）18项，占比39.13%；第二类标准（以NBR IEC 开头）27项，占比58.70%；第三类标准（以 NBR NM IEC 开头）1项，占比2.17%。从标准内容看，照明产品的相关标准主要集中在测试、性能要求、安全要求等几个方面。其中，安全标准15项，占巴西国家标准总数的32.61%；性能标准6项，占巴西国家标准总数的13.04%；能效测量标准6项，占巴西国家标准总数的13.04%。

目前，巴西有关照明产品的标准如表2-14所示。

表2-14　巴西照明相关标准

序号	标准号	标准名称	实施日期
1	ABNT IEC / PAS 62612：2013	电源电压＞50 V 普通照明用自镇流发光二极管灯 性能要求	2013-05-08
2	ABNT IEC / TS 62504：2013	通用照明 LED 产品和相关设备 术语和定义	2013-03-14
3	ABNT NBR 10898：2013	应急照明系统	2013-03-14
4	ABNT NBR 11899：1992	航空便携式防爆手电筒 规范	1992-04-30
5	ABNT NBR 13593：2011/Errata1：2013	高压钠灯镇流器和触发器 规范和测试	2013-01-05

序号	标准号	标准名称	实施日期
6	ABNT NBR 13593：2011/ Corrected version：2013	高压钠灯镇流器和触发器 规范和测试	2011-01-03
7	ABNT NBR 14305：2015	金属蒸汽灯（卤化物）的镇流器和触发器 要求和试验	2015-08-20
8	ABNT NBR 14538：2000	普通照明用自镇流荧光灯 安全要求	2000-06-30
9	ABNT NBR 14539：2000	普通照明用自镇流荧光灯 性能要求	2000-06-30
10	ABNT NBR 15129：2012	道路与街道照明灯具 特殊要求	2012-07-26
11	ABNT NBR 16205-1：2013	无嵌入控制装置、单一底座的 LED 灯具 第 1 部分：安全要求	2013-08-20
12	ABNT NBR 16205-2：2013	无嵌入控制装置、单一底座的 LED 灯具 第 2 部分：性能要求	2013-08-20
13	ABNT NBR 16231：2013	用于照明系统的白炽灯和 / 或道路机动车辆信号系统的白炽灯的统一规定	2013-11-11
14	ABNT NBR 5125：1996	高压汞蒸汽灯镇流器	1996-07-30
15	ABNT NBR 5170：1996	高压汞蒸汽灯镇流器 测试方法	1996-07-30
16	ABNT NBR 5461：1991	照明 术语	1991-12-30
17	ABNT NBR 7036：1990	油浸式配电电压互感器的验收、安装和维护	1990-12-30
18	ABNT NBR 8346：2012	灯座 分类	2012-12-04
19	ABNT NBR 9312：2011	荧光灯灯座和启动器 规范	2011-03-31
20	ABNT NBR 9329：2012	荧光灯灯座和启动器 测试方法	2012-11-08
21	ABNT NBR IEC 60061-1：1998	灯头、灯座及检验其安全性和互换性的量规	1998-05-30
22	ABNT NBR IEC 60081：1997	普通照明用管状荧光灯 性能要求	1997-07-30
23	ABNT NBR IEC 60238：2005 Corrected version：2006	螺口灯座	2005-10-31
24	ABNT NBR IEC 60238：2006/ Errata1：2006	螺口灯座	2006-02-28
25	ABNT NBR IEC 60357：2016	卤钨灯（非机动车辆用）性能规范	2016-01-08
26	ABNT NBR IEC 60360：1996	灯头温升的测量方法	1996-12-01
27	ABNT NBR IEC 60432-2：2015	白炽灯 安全要求 第 2 部分：家庭和类似场合普通照明用卤钨灯	2015-08-12
28	ABNT NBR IEC 60432-3：2014	白炽灯 安全要求 第 3 部分：卤钨灯（非机动车辆用）	2014-03-19
29	ABNT NBR IEC 60598-1：2010	灯具 第 1 部分：一般要求和测试	2010-11-09

序号	标准号	标准名称	实施日期
30	ABNT NBR IEC 60598-2-1：2012	灯具 第2—1部分：特殊要求 固定式通用灯具	2012-07-31
31	ABNT NBR IEC 60598-2-19：1999	灯具 第2—19部分：特殊要求 空气处理灯具（安全要求）	1999-12-30
32	ABNT NBR IEC 60598-2-22：2018	灯具 第2—22部分：特殊要求 应急照明灯具	2018-12-18
33	ABNT NBR IEC 60662：1997	高压钠蒸汽灯 性能要求	1997-04-30
34	ABNT NBR IEC 60809：1997	道路车辆用灯 尺寸、电气和照明要求	1997-11-30
35	ABNT NBR IEC 60901：1997	单端荧光灯 性能要求	1997-01-30
36	ABNT NBR IEC 60968：2014	普通照明用自镇流荧光灯 安全要求	2014-03-14
37	ABNT NBR IEC 60969：2014	普通照明用自镇流荧光灯 性能要求	2014-04-01
38	ABNT NBR IEC 61167：1997	金属蒸汽灯（卤素灯）性能要求	1997-10-30
39	ABNT NBR IEC 61195：2014	双端荧光灯 安全要求	2014-12-03
40	ABNT NBR IEC 61347-2-12：2013	灯的控制装置 第2—12部分：放电灯用直流或交流电子镇流器的特殊要求（荧光灯除外）	2013-08-05
41	ABNT NBR IEC 61347-2-13：2020	灯具控制装置 第2—13部分：LED模块用直流或交流电子控制装置的特殊要求	2020-12-11
42	ABNT NBR IEC 62031：2013	普通照明用LED模块 安全要求	2013-05-09
43	ABNT NBR IEC 62035：2014	放电灯（荧光灯除外）安全要求	2014-03-13
44	ABNT NBR IEC 62560：2013	普通照明用50 V以上自镇流LED灯 安全要求	2013-05-14
45	ABNT NBR IEC 62722-2-1：2016	灯具性能 第2—1部分：LED灯具特殊要求	2016-05-02
46	ABNT NBR NM IEC 60983：2002	小型灯	2002-03-30

2.3.2.2.1　安全标准

巴西现行照明安全标准共有18项，主要是采用IEC标准，除ABNT NBR 14538：2000《普通照明用自镇流荧光灯 安全要求》、ABNT NBR 15129：2012《道路与街道照明灯具 特殊要求》、ABNT NBR 16205-1：2013《无嵌入控制装置、单一底座的LED灯具 第1部分：安全要求》3项标准，由ABNT参考IEC相关标准制定外，其余15项主要是直接引用IEC标准，采标率为83.33%。

主要分为以下几个系列。

（1）ABNT NBR IEC 60432系列。该系列标准共有2个部分，等同采用IEC 60432系列，与中国标准GB 14196系列对应。

（2）ABNT NBR IEC 60598系列。该系列标准共有4个部分，等同采用IEC 60598系列，与中国标准GB 7000系列对应。

（3）ABNT NBR IEC 61347系列。该系列标准共有2个部分，等同采用IEC 61347系列，与中国标准GB 19510系列对应。

（4）其他。包括ABNT NBR IEC 60061-1：1998《灯头、灯座及检验其安全性和互换性的量规》（采用IEC 60061-1），ABNT NBR IEC 62031：2013《普通照明用LED模块 安全要求》，ABNT NBR IEC 62035：2014《放电灯（荧光灯除外）安全要求》，ABNT NBR IEC 62560：2013《普通照明用50 V以上自镇流LED灯 安全要求》，ABNT NBR IEC 62722《灯具性能 第2—1部分：LED灯具特殊要求》（采用IEC 6272）等标准。

2.3.2.2.2　性能标准

巴西照明产品性能标准共9项，其中除ABNT NBR 14539《普通照明用带集成式镇流器的荧光灯 性能要求》、ABNT NBR 16205-2《无嵌入控制装置、单一底座的LED灯具 第2部分：性能要求》2项未采标外，其余7项均采用IEC标准，采标率77.78%。

2.3.2.2.3　测试标准

巴西照明产品测试标准共6项，其中ABNT NBR IEC 60360《灯头温升的测量方法》、ABNT NBR IEC 60598-1《灯具 第1部分：一般要求和测试》2项采用IEC标准，采标率33.33%。

2.4　印度照明电器标准法规概况

2.4.1　相关组织

印度消费者事务及公共分配部（Ministry of Consumer Affairs and Public Distribution）由独立前的食品部发展而来。该机构是印度政府部门，由内阁部长领导，分为食品和公共分配部、消费者事务部2个部门。其中消费者事务部（Department of Consumer Affairs，DCA）负责制定监测价格的政策、供应基本商品、国内消费者运动以及印度标准局法案（《BIS法》）、《计量法》等工作的实施，是印度标准、计量、认证等机构的上级行政管理部门[①]。

印度独立前国内多使用英国、美国标准，没有本国相应的国家标准及认证机构。在英国统治印度的暮年，印度国内面临着建立工业基础设施的艰巨任务，印度工程师学会（Institution of Engineers）起草了《机构宪法》的初稿，完成国家标准的制定任务。1946年，印度工业和供应部发布了一份备忘录，正式宣布成立一个名为"印度标准机构（Indian Standards Institution）"的组织。1947年初，印度标准协会（Indian Standards Institution，ISI）正式成立，ISI根据专业领域下设专业标准委员会，负责印度标准的制修订，协调发展印度的标准化活动。

1986年，印度根据1986年《BIS法》设立印度标准局（Bureau of Indian Standards，BIS），次年BIS正式取代ISI成为印度法定的全国性标准及认证管理机构，负责协调发展商品的标准化、标志和质量认证活动，以及与此有关或附带的事项[②]。印度电子与信息技术部（DEIT）于2013年4月3日开始实施电子产品强制性认证，所有在强制认证产品目录内的电子产品进口到印度，或在印度市场销售都必须经过印度标准局（BIS）注册认证。同时，2016年新修订的《BIS法》于2016年3月22日通知生效，自2017年10月12日起生效。该法案加强了BIS在货物、物品、流程、系统和服务的标准化和认证方面的活动。

BIS下设5个地区局和19个分局，地区局监管对应分局。BIS所属的8个实验室和一些独立实验室负责产品认证过程抽取样品的检验，这些实验室均按ISO/IEC17025：1999执行。BIS部门设置参见图2-4。

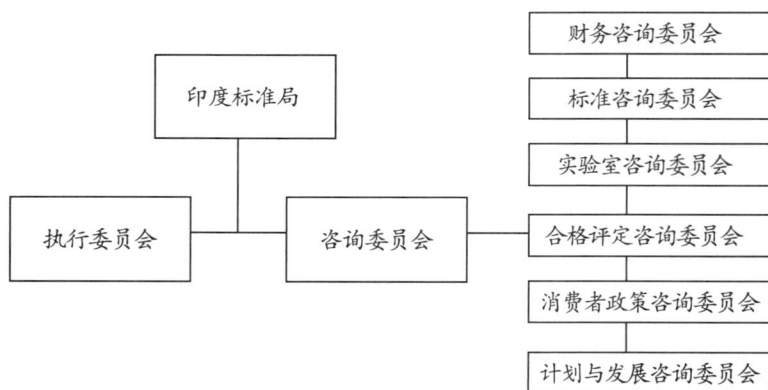

图2-4　BIS机构设置

---

① 印度消费者事务部，https：//consumeraffairs.nic.in/，2021-04-02。

② 印度标准局，https：//bis.gov.in/，2021-04-18。

照明标准的制修订，主要由BIS下设技术委员会电工部（ETD）的ETD 23灯及相关设备技术委员会、ETD 49 照明工程与灯具技术委员会负责。其中，下设ETD 49：P4 国家照明法规（NLC）SP 72修订委员会。

在照明电器能效管理方面，相关机构主要有中央能效机构即能源效率局（BEE）和邦级能效机构即邦指定机构（SDAs）。此外，印度电灯及元件制造商协会（ELCOMA）也会同政府机构、公用事业、标准化机构、研发组织和测试机构密切合作，制定印度照明电器领域标准和开发节能产品。

2.4.2　相关法律法规及标准

2.4.2.1　法律法规

印度现行标准化立法体系主要由两部分组成：聚焦标准化问题的专门法案和部分地涉及标准化问题的其他法案。其中，照明电器领域能效方面的法律，主要是2001年颁布的第52号法令《能源节约法》（*Energy Conservation Act*，2001）。该法令确定了在印度中央和邦级层面提高能效的整个法律框架、机构安排及管理机制，于2002年3月1日生效。2009年，印度政府颁布了《能效局（管形荧光灯标签样式及标示方法）法规》。此外，还有《关于管形荧光灯/室内空调/配电变压器/无霜冰箱标签样式及标示方法的能源消耗标准（2009）》《关于管形荧光灯标签样式及标示方法（2010）》等系列法规。其中，安全性法规主要有《电线、电缆、电器和保护装置以及附件（质量控制）修正令（2006）》；能效法规主要有《管形荧光灯标签显示的详细内容和方式（2008）》《管形荧光灯标签显示的详细内容和方式（2009）》《管形荧光灯标签显示的详细内容和方式修正案（2010）》《自镇流LED灯标签显示的详细内容和方式（2017）》。《电线、电缆、电器和保护装置以及附件（质量控制）修正令（2006）》规定了一般照明用荧光灯、插头插座、真空吸尘器等电气器材属于强制认证的范畴。在印度销售此类商品的制造商必须事先从印度标准局（BIS）获得认证。与该法案对应的照明产品标准为IS 2418-1《一般照明用管形荧光灯 第1部分：安全要求》。《管形荧光灯标签显示的详细内容和方式（2009）》《管形荧光灯标签显示的详细内容和方式修正案（2010）》《自镇流LED灯标签显示的详细内容和方式（2017）》则规定了管形荧光灯和LED灯能耗标准和标签规范。

2.4.2.2　标准

印度标准具有两个基本特点：一是自愿性，不具备强制的效力；二是由印度标准局制定的标准方可称为"印度标准"（Indian Standards），即国家标准。印度政府在颁布一些强制性法规时会涉及引用国家标准。在标准制定方面，截至2020年底，印度照明相关国家标准共计112项，多数是直接采用IEC标准。与中国类似，印度标准编号自成体系，并未直接采用IEC编号。此外，印度照明行业标准主要根据照明电器不同类别来制定不同系列的标准。从标准内容看，照明产品的相关标准主要集中在测试、性能要求、安全要求等几个方面。其中，安全标准29项，此类标准主要引用IEC标准，占南非国家标准总数的25.89%；性能标准15项，此类标准主要引用IEC标准，占南非国家标准总数的13.39%；测试标准11项，此类标准主要引用美国能源之星标准，占南非国家标准总数的9.82%，具体情况见表2-15所示。

表2-15　印度照明相关的主要标准

序号	标准号	标准名称	实施年份
1	IS 10322-1—2014	灯具 第1部分：一般要求和测试	2014
2	IS 10322-5.1—2012（2017年重新确认）	灯具 第5部分：特殊要求 第1节 一般用途灯具	2012
3	IS 10322-5.2—2012	灯具 第5部分：特殊要求 第2节 嵌入式灯具	2012
4	IS 10322-5.3—2012	灯具 第5部分：特殊要求 第3节 道路与街道照明灯具	2012
5	IS 10322-5.4—1987	灯具 第5部分：特殊要求 第4节 可移式通用灯具	1987
6	IS 10322-5.5—2013	灯具 第5部分：特殊要求 第5节 泛光灯（替代 IS1947）	2013
7	IS 10322-5.6—2013	灯具 第5部分：特殊要求 第6节 手提灯	2013
8	IS 10322-5.7—2017	灯具 第5部分：特殊要求 第7节 灯串	2017
9	IS 10322-5.8—2013	灯具 第5部分：特殊要求 第7节 应急照明	2013
10	IS 10322-5.9—2017	灯具 第5部分：特殊要求 第9节 彩虹管	2017
11	IS 10894—1984	教育机构照明实施规范	1984
12	IS 10947—1984	港口港湾照明实施规范	1984
13	IS 11071-1—1984	嵌入式机场照明配件细则 第1部分：一般要求和测试	1984
14	IS 11071-2—1984	嵌入式机场照明配件 第2部分：跑道中线照明配件	1984
15	IS 11071-3—1984	嵌入式机场照明配件 第3部分：进近照明配件	1984

序号	标准号	标准名称	实施年份
16	IS 11071-4—1984	嵌入式机场照明配件 第4部分：触底着陆区照明配件	1984
17	IS 11116—1984	机场停机坪照明实施规范	1984
18	IS 11472-1—1985	国际标准人工日光颜色评定细则 第1部分：颜色匹配和评估	1985
19	IS 11472-2—1985	国际标准人工日光颜色评定细则 第2部分：平面艺术行业的观察条件	1985
20	IS 11980—1987	灯（灯泡）循环发电	1987
21	IS 12290—1987	机场照明用隔离变压器	1987
22	IS 12291—1987	机场系统的恒定电流调节器	1987
23	IS 12309-1—1988	机场照明配件的安装和维护规范 第1部分：安装	1988
24	IS 12309-2—1988	机场照明配件的安装和维护规范 第2部分：维护	1988
25	IS 12449-1—1988	启动装置（辉光起动器除外）细则 第1部分：一般和安全要求	1988
26	IS 12449-2—1988	启动装置（辉光起动器除外） 第2部分：性能要求	1988
27	IS 12897—2001	一般用途灯具灯丝 指南	2001
28	IS 12948—1990	卤钨灯（非车辆用途）	1990
29	IS 13021-1—1991	管状荧光灯用交流电子镇流器：第1部分 一般和安全要求	1991
30	IS 13021-2—1991	管状荧光灯用交流电子镇流器：第2部分 性能要求	1991
31	IS 13383-1—1992	灯具光度测量方法 第1部分：室内照明灯具	1992
32	IS 13383-2—1992	灯具光度测量方法 第2部分：道路照明	1992
33	IS 13383-3—1992	灯具光度测量方法 第3部分：泛光灯照明	1992
34	IS 14897—2000	灯用玻壳的型号命名体系 指南	2000
35	IS 15111-1—2002	普通照明用自镇流灯 第1部分：安全要求	2002
36	IS 15111-2—2002	普通照明用自镇流灯 第2部分：性能要求	2002
37	IS 15518-1—2004	白炽灯安全要求 第1部分：家庭和类似场合普通照明用钨丝灯	2004
38	IS 15687-1—2006	单端荧光灯 第1部分：安全要求	2006
39	IS 1569—1976（2016年重新确认）	管状荧光高压汞和低压钠蒸气放电灯线路用电容器	1976

序号	标准号	标准名称	实施年份
40	IS 15882—2009	放电灯（管形荧光灯除外）用镇流器 性能要求	2009
41	IS 15885–1—2011	灯的控制装置的安全 第 1 部分：一般要求	2011
42	IS 15885–2.1—2011	灯具控制装置的安全 第 2 部分：特殊要求 第 1 节 启动装置（辉光启动器除外）	2011
43	IS 15885–2.13—2012	灯具控制装置的安全 第 2 部分：特殊要求 第 13 节 LED 模块用直流电子控制装置	2012
44	IS 15885–2.3—2011	灯具控制装置的安全 第 2 部分：特殊要求 第 3 节 荧光灯用交流电子镇流器	2011
45	IS 15885–2.8—2011	灯具控制装置的安全 第 2 部分：特殊要求 第 8 节 荧光灯用镇流器	2011
46	IS 15885–2.9—2011	灯具控制装置的安全 第 2 部分：特殊要求 第 9 节 放电灯（不含荧光灯）用镇流器	2011
47	IS 15906—2011	荧光灯中汞含量的测量方法	2011
48	IS 15967–1—2013	管状荧光灯和其他放电灯电路用电容器 第 1 部分：安全要求	2013
49	IS 15967–2—2013	管状荧光灯和其他放电灯电路用电容器 第 2 部分：性能要求	2013
50	IS 15968—2013	管状荧光灯用镇流器 性能要求	2013
51	IS 15974—2013	灯启动装置的辅助设备（辉光启动器除外）性能要求	2013
52	IS 16101—2012	普通照明 LEDs 和 LED 模块 条款和定义	2012
53	IS 16102–1—2012	普通照明用自镇流 LED 灯 第 1 部分：安全要求	2012
54	IS 16102–2—2017	普通照明用自镇流 LED 灯 第 2 部分：性能要求	2017
55	IS 16103–1—2012	普通照明用 LED 模块 第 1 部分：安全要求	2012
56	IS 16103–2—2012	普通照明用 LED 模块 第 2 部分：性能要求	2012
57	IS 16104—2012	LED 模块用直流或交流电子控制装置 性能要求	2012
58	IS 16105—2012	固态光源流明维持度的测量方法	2012
59	IS 16106—2012	固态光源产品的电气和光度测量方法	2012
60	IS 16107–1—2012	灯具性能 第 1 部分：一般要求	2012
61	IS 16107–2.1—2012	灯具性能 第 2 部分：特殊要求 第 1 节 LED 灯具	2012
62	IS 16107–2.2—2017	灯具性能 第 2 部分：特殊要求 第 2 节 街道照明用 LED 灯具	2017
63	IS 16108—2012	灯具系统的光生物安全	2012
64	IS 16108–2—2018	灯具系统的光生物学安全 第 2 部分：关于非激光光辐射安全装置的制造要求指南	2018
65	IS 16108–3—2018	灯具和灯系统的光生物学安全 第 3 部分：人类安全使用强脉冲光源设备的指南	2018

序号	标准号	标准名称	实施年份
66	IS 16148—2014	金属卤化物灯 性能规范	2014
67	IS 16166—2014	荧光灯中汞含量的样品分析	2014
68	IS 16614-1—2018	双端 LED 灯 第 1 部分：安全规范	2018
69	IS 16661—2018	光源和灯具蓝光危害评估 IS16108/Iec62471 应用	2018
70	IS 1901—1978（2017 年重新确认）	视觉指示灯	1978
71	IS 1944-1 AND 2—1970（2018 年重新确认）	公共道路照明实施规范 第 1 和第 2 部分：主干道和次干道（A 和 B 组）	1970
72	IS 1944-5—1981（2018 年重新确认）	公共道路照明实施规范 第 5 部分：立体交叉、桥梁和高架道路的照明（D 组）	1981
73	IS 1944-6—1981（2018 年重新确认）	公共道路照明实施规范 第 6 部分：城镇、市中心和重要城市区域的照明（E 组）	1981
74	IS 1944-7—1981（2018 年重新确认）	公共道路照明实施规范 第 7 部分：特殊要求道路照明（F 组）	1981
75	IS 2215—2006（2020 年重新确认）	荧光灯启动器	2006
76	IS 2261—1975（2015 年重新确认）	手电筒用灯具	1975
77	IS 2262—1963（2016 年重新确认）	高压发光放电管用变压器	1963
78	IS 2407—1963（2017 年重新确认）	积分光度计	1963
79	IS 2418-1—2018	普通照明用管状荧光灯 第 1 部分：安全要求	2018
80	IS 2418-2—2018	普通照明用管状荧光灯 第 2 部分：性能要求	2018
81	IS 2418-3—1977	普通照明用管状荧光灯 第 3 部分：G-5 和 G13 双针灯帽尺寸	1977
82	IS 2418-4—1977	普通照明用管状荧光灯 第 4 部分：G-5 和 G13 双针灯帽尺寸	1977
83	IS 2592—1980	船舶用照明灯	1980
84	IS 2596—2004	矿工帽灯用灯泡（灯具）具体细则	2004
85	IS 2672—1966	图书馆照明设备	1966
86	IS 3646-1—1992	室内照明操作规范 第 1 部分：内部焊接的一般要求	1992
87	IS 418—2004（2019 年重新确认）	家用及类似场合普通照明用钨丝灯	2004

序号	标准号	标准名称	实施年份
88	IS 4347—1967	医疗机构照明设备的实施规范	1967
89	IS 6665—1972	工业照明作业规范	1972
90	IS 6701—1985	各种类型钨丝电灯	1985
91	IS 7027—1984	荧光灯用晶体管镇流器特殊规范	1984
92	IS 7537—1974	道路交通信号灯	1974
93	IS 7785-1—1975	高架式机场照明配件 第1部分：一般要求	1975
94	IS 7785-2—1976	高架式机场照明配件 第2部分：固定聚焦高强度双向跑道边缘照明配件	1976
95	IS 7785-3—1976	高架式机场照明配件 第3部分：低强度跑道边缘照明配件	1976
96	IS 7785-4.1—1981	高架式机场照明配件 第4部分：进近下滑角指示灯 第1节 视觉进近坡度指示灯	1981
97	IS 7785-5.1—1981	高架式机场照明配件 第5部分：进近照明配件 第1节 高强度高架进近照明配件	1981
98	IS 7785-6.1—1981	高架式机场照明配件 第6部分：滑行道指示灯 第1节 低强度全方位高架滑行道照明配件	1981
99	IS 8685—1977	飞机照明指示灯	1977
100	IS 8901—1978	机场照明配件	1978
101	IS 8913—1978	灯头温升的测量方法	1978
102	IS 897-1982（2015年重新确认）	铁路车辆用途钨丝灯	1982
103	IS 9206—1979	一般用途钨丝灯头尺寸	1979
104	IS 9583—1981	应急照明装置	1981
105	IS 9589—1980	铁路信号用电灯	1980
106	IS 9900-1—1981	高压汞蒸气灯 第1部分：要求和测试（代替IS 2183和IS7023）	1981
107	IS 9900-2—1981	高压汞蒸气灯 第2部分：灯具标准数据表（代替IS 2183和IS7023）	1981
108	IS 9900-3—1981	高压汞蒸气灯 第3部分：灯头尺寸（代替IS 2183和IS7023）	1981
109	IS 9900-4—1981	高压汞蒸气灯 第4部分：灯头通止规（代替IS 2183和IS 7023）	1981
110	IS 9974-1—1981	高压钠蒸气灯 第1部分：一般要求和测试	1981
111	IS 9974-2—1981	高压钠蒸气灯 第2部分：灯具标准数据表	1981
112	SP 72—2010（2016年重新确认）	2010年国家照明规范	2010

2.4.2.2.1 安全标准

印度照明安全相关的标准主要采用IEC标准，主要有IS 10322系列和IS 15885系列等标准。

（1）IS 10322系列标准。该系列标准共有9项，主要采用了IEC 60598系列标准，对应的是中国GB 7000系列标准。相关标准规定了各类灯具在爬电距离、电气间隙、接地规定、接线端子、耐热、耐火、耐起痕、防尘、防水、防触电保护等方面的安全要求。其中，第1部分标准IS 10322：PART 1规定了所有灯具都应符合的一般安全要求与试验；第2部分标准IS 10322：PART 5：SEC1— IS 10322：PART 5：SEC9规定了涵盖固定式通用灯具、嵌入式灯具、道路与街路照明灯具、可移式通用灯具、泛光灯、手提灯、灯串、彩虹管等多种具体类别灯具的特殊要求。上述所有标准均不能单独使用，第2部分的每一个标准必须和第1部分标准一起使用。

（2）IS 15885系列标准。该系列标准共有6项，主要采用了IEC 61347系列标准，对应的是中国GB 19510系列标准。相关标准规定了各类灯具的镇流器、启动装置（辉光启动器除外）、电子降压转换器、电子换流器、变频器等控制装置在爬电距离、电气间隙、接地规定、接线端子、耐热、防火、耐漏电起痕、防潮与绝缘、防触电保护等各方面的安全要求。其中，第1部分标准IS 15885：PART 1规定了大多数灯的控制装置普遍适用的一般要求、安全要求与相关试验；其余部分标准IS 15885：PART 2：SEC1— IS 15885：PART 2：SEC13规定了各类灯具控制装置的特殊要求。上述所有标准均不能单独使用，第2部分的每一个标准必须和第1部分标准一起使用。

（3）IS 16102：Part 1普通照明自镇流LED灯泡 第1部分：安全要求。该标准主要引用了IEC 62560标准，标准规定了安全性和互换性的要求，以及测试方法和条件，对于家用和类似用途的普通照明用，要求具备自镇流LED灯稳定运行的集成方式，有一个额定功率为60 W，频率50 Hz下额定电压为250 V的直流电源或高达1000 V的交流电源。标准附录C给出了发光二极管模块批量测试的建议。

（4）IS 16103：Part 1 LED模块-安全规范。该标准主要引用了IEC 62031标准，标准规定了以下LED模块的一般要求和安全要求：①恒定电流、恒定电压、恒定功率下没有整体控制装置的LED模块；②50 Hz时直流高达250 V或交流高达1000 V的自镇流LED模块。

（5）IS 16107：Part 1普通照明用LED灯具第1部分：安全要求。标准规定了电源电压高达1000 V、声明操作性能的情况下灯具的性能特性和环境要求，包括支持寿命期间能源利用率、环境保护的灯具。

（6）IS 16108 灯与灯系统的光生物安全性。该标准主要采用了IEC 62471，标准给出了灯具和包括灯具的灯系统的光生物安全评估指导，规定了曝光范围、参考测量技术和分类方案评价和来自所有电动非相干宽带光源（包括LED光辐射，不包括波长范围200—300nm的激光）的光生物危害控制。

2.4.2.2.2　性能要求

（1）IS 16102：Part 2 普通照明自镇流LED灯泡 第2部分：性能要求。该标准主要引用了IEC 62612标准，标准规定了50 Hz时直流高达50 V或交流高达1000 V的自镇流LED灯（用于家用和一般照明）的性能要求和试验方法及条件，其与IS 16102（Part 1）中的LED灯具有相同的额定功率、电源和灯头，本标准不包括故意制造着色或有色的光的自镇流LED灯或OLED，批量测试的建议还在筹划中，其性能要求与IS 16102（Part 1）中不同。

（2）IS 16103：Part 2 通用照明用LED模块 第2部分：性能要求。该标准主要引用了IEC 62717标准，标准规定了LED模块的性能要求、测试模块和条件，涉及的LED模块有：①50 Hz时直流高达250 V或交流高达1000 V的自镇流LED模块；②LED模块连接到主电源电压进行外部控制，并具有内部进一步控制方式（恒压恒流恒定功率下半镇操作）；③在恒压恒流恒定功率下，完全控制齿轮与操作模块分开LED模块。

（3）IS 16104 LED模块之交直流电源电子式控制装置：性能要求。该标准主要引用了IEC 62384标准，标准规定了50 Hz时直流高达250 V或交流高达1000 V、输出频率可脱离电源频率情况下LED模块的电子控制装置性能要求，控制装置提供恒定的电压或电流，从纯电压和电流类型的偏差不排除齿轮标准。

（4）IS 16107：Part 2 普通照明用LED灯具第2部分性能要求。该标准主要引用了IEC 62717标准，标准规定了普通照明用灯具的性能要求，包括：①符合IS 16103（Part 2）：2012的LED灯；②符合IS 16103（Part 2）：2012的LED灯具测试方法和适用条件；③符合IS 16107（Part 1）：2012的LED灯具。

2.4.2.2.3　测试标准

（1）IS 16105 LED流明维持率测试方法。该标准主要引用了美国能源之星

IES-LM-80，标准仅覆盖了LED封装、组织和模块的流明维持率测量。该测试方法主要目的是建立比较可靠的实验室统一的测试方法，强调了符合照明行业标准的LED光源设计和认证流明维持率测量方法。

（2）IS 16106 固态照明产品批准的电气和光度测量方法。该标准主要引用了美国能源之星IES-LM-79，标准包括在标准测试条件下执行总光通量、色度的发光强度分布、固态照明（即LED照明用途的产品）的可重复测量时遵循的程序和注意事项。

2.5　俄罗斯照明电器标准法规概况

2.5.1　相关组织

俄罗斯联邦工业和贸易部（Ministry of Industry and Trade Russia，MITR）是标准化机构的主管部门。该部门是一个联邦执行机构，其负责领域包括：起草和实施政府在工业和国防部门的政策和法律规范，节约能源和提高货物运输的能源效率，技术监管和统一测量，负责实施对外贸的政府监管（与海关和关税监管有关的事项，以及与俄罗斯联邦加入世界贸易组织有关的问题除外），作为俄罗斯联邦的机构负责技术监管等[①]。

俄罗斯联邦技术调节与计量署（The Federal Agency on Technical Regulating and Metrology，GOST R）被纳入俄罗斯联邦权力执行机构体系，并由俄罗斯联邦工业和贸易部管辖，是俄罗斯官方唯一的标准化权力执行机构[②]。目前，该机构下设340个标准化技术委员会，负责具体标准的制修订。该机构建立的法律依据是于2004年5月20日颁布的第649号俄罗斯联邦总统令《联邦权力执行机构架构问题》。俄罗斯联邦技术调节与计量署具有俄罗斯国家标准化机构的职能，在国际（和区域）的标准化组织中代表俄罗斯参与活动，并在技术监管和计量领域提供国家服务和公共财产管理。在俄罗斯联邦立法发生变化之前，该机构负责执行关于测量仪器制造和维护活动的许可，并实施国家计量控制和监督职能。在政府将

---

① 俄罗斯联邦工业和贸易部，https：//minpromtorg.gov.ru/，2021-05-21。
② 俄罗斯联邦技术调节与计量署，https：//www.gost-r.info/，2021-05-23。

职能转移给别的机构之前，该机构负责对国家标准和技术法规的执行情况进行监管。该机构可直接开展工作，也可通过其下属的地方机关和组织开展工作。GOST R部门设置见下图。

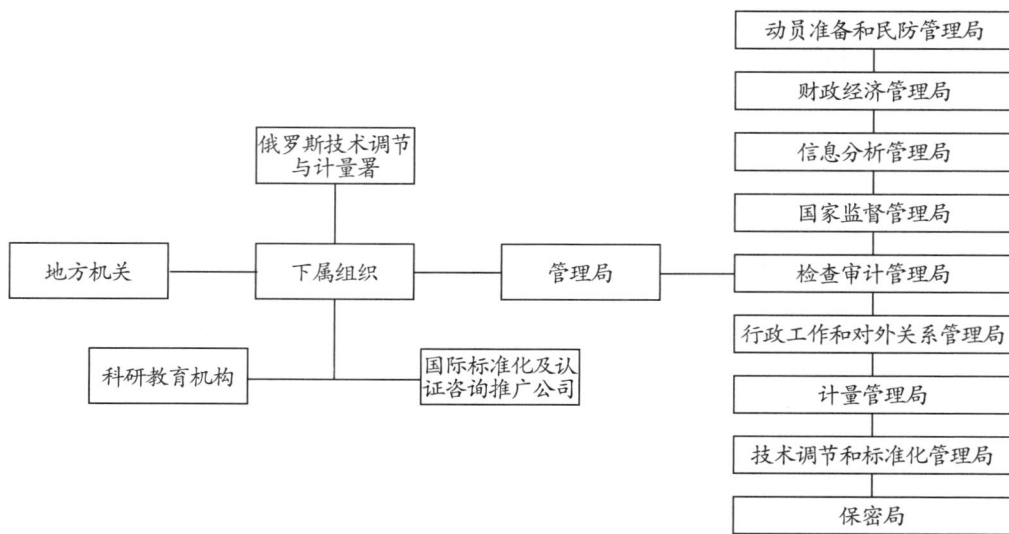

图2-5　GOST R部门设置

GOST R开展工作的法律依据为于2004年6月17日颁布的第294号俄罗斯联邦政府令《联邦技术调节与计量署条例》。其中规定了GOST R的基本任务，包括：执行国家标准化机构的职能；保证测量统一；对技术法规要求和强制性标准要求的执行情况进行国家监管；建立并运行联邦技术法规、标准、技术监管统一信息体系的信息储备库；对所在国家需求产品目录系统的维护进行组织和方法管理；组织开展违反技术法规要求造成损失案件的核算工作；为俄罗斯联邦政府质量奖竞赛和其他质量领域的竞赛提供组织和方法上的保障；在标准化、技术监管和计量领域提供国家服务。

2.5.2　相关法律法规及标准

2.5.2.1　法律法规

目前在俄罗斯现行的法规一共有47项，其制定主体为海关联盟委员会，截至目前共制定了34项技术法规，其次是欧亚经济委员会、俄罗斯联邦政府和联邦会议。

海关联盟（Customs Union, CU），也被称为"关税同盟"，成立于2009年，由俄罗斯、白俄罗斯、哈萨克斯坦3国组成。2010年10月18日，3国签署了《关于哈萨克斯坦共和国、白俄罗斯共和国以及俄联邦技术规范的共同准则和规则》，海关联盟委员会致力于制定保证产品安全的3国通用的统一法规。海关联盟的每项法规都有对应的标准清单。

目前，与照明产品相关的海关联盟法规为《关于低电压设备安全性的法规（TR CU 004/2011）》和《关于技术产品电磁兼容性的法规（TR CU 020/2011）》。这两项法规类似于欧盟的低电压（LVD）指令和电磁兼容（EMC）指令。其中，《关于低电压设备安全性的法规》适用于供电电压在交流50 V—1000 V或直流75 V—1500 V之间的电气设备。《关于技术产品电磁兼容性的法规》也是旨在确保设备产生的电磁干扰不超过无线电通信设备，其他设备按预期用途正常运行；并且设备对预期使用中遇到的电磁干扰应有抗扰性，不会出现工作性能的降低。和欧盟相似，俄罗斯也是按照法规制定相应的标准，《海关联盟关于低电压设备安全性的法规（TR CU 004/2011）》和《海关联盟关于技术产品电磁兼容性的法规（TR CU 020/2011）》中与照明产品对应的标准有40项，这些标准主要采用IEC标准，采标率达77%。其中，电光源标准9项，灯具标准14项，照明电器附件标准17项。

2.5.2.2 标准

俄罗斯执行的标准化规范性文件主要是推荐性的，只有少量是强制性的。强制性的又有全文强制和条文（个别章或节）强制之分。但是，俄罗斯的标准化规范性文件，不论是推荐性的还是强制性的，在其代号上都没有直接体现。只是在强制性的标准化规范性文件的前言中（在第一页的"适用范围"中）或指明其性质——全文强制或条文强制。推荐性的则不加以说明。在发布的俄罗斯联邦《技术调节法》中规定，每年出版《强制性标准目录》。根据俄罗斯国家标委（俄罗斯联邦国家标准化与计量委员会）2003年6月17日第63号决议规定："现行的全国标准仍保留国家标准原来规定代号GOST R和跨国标准原来规定代号GOST。"

截至2020年底，俄罗斯照明相关标准有137项，一部分为GOST或GOST R标准，这类标准多为一些特殊用途照明产品的标准及灯用材料标准。其中，GOST标准91项，当中包含直接引用IEC标准（以GOST IEC开头）63项，GOST标准采标率69.23%；GOST R标准46项，当中包含直接引用IEC标准（以 GOST R IEC 开头）

22项，GOST R标准采标率47.83%。若照明电器产品符合GOST R IEC或GOST IEC标准的要求，则表示该产品同样也符合IEC的要求，可以出口到几乎所有国家。从标准内容看，照明产品的相关标准主要集中在测试、性能、安全，以及特种光源、特种灯具、灯用材料等。其中，安全标准有61项，占俄罗斯国家标准总数的44.53%；性能标准有22项，占俄罗斯国家标准总数的16.06%；测试标准有5项，占俄罗斯国家标准总数的3.65%。具体情况见表2-16所示。

表2-16 俄罗斯照明相关的主要标准

序号	标准号	标准名称	实施日期
1	GOST 10036—1975	照明灯用散光镜、硅酸盐玻璃制保护和装饰玻璃 一般技术条件	1977
2	GOST 10264—1982	信号灯用灯具 一般技术条件	1984
3	GOST 1608—1988	船舶用白炽电灯泡 技术条件	1990
4	GOST 17100—1979	光源插座 技术条件	1980
5	GOST 17557—1988	照明技术设备接线板 一般技术条件	1989
6	GOST 2023.1—1988	道路车辆用灯泡 尺寸、电参数和发光参数的要求	1990
7	GOST 2023.2—1988	道路车辆用灯泡 性能要求	1990
8	GOST 2239—1979	普通照明用白炽灯泡 技术条件	1981
9	GOST 24471—1980	矿井标准照明装置 一般技术条件	1982
10	GOST 24786—1981	矿井防爆照明装置 一般技术条件	1983
11	GOST 25834—1983	电灯泡 标志、包装、运输和贮存	1985
12	GOST 26092—1984	照明设备 安装尺寸和连接尺寸	1985
13	GOST 26360—1984	船舶用探照灯 一般技术条件	1986
14	GOST 27428—1987	石英—卤化白炽灯 导光片温度测量标准方法	1987
15	GOST 27453—1987	游泳池用和类似用途的照明灯 技术要求	1989
16	GOST 27682—2020	高压汞蒸汽灯 性能要求	2021
17	GOST 27900—1988	应急照明灯具 技术要求	1990
18	GOST 28288—1989	白炽灯内置变压器 一般技术条件	1991
19	GOST 28427—1990	电灯和启动器出口的一般要求	1991
20	GOST 28444—1990	儿童用可移式灯具 一般技术条件	1992
21	GOST 28682—1990	庭园用可移式灯具 一般技术条件	1992
22	GOST 31948—2012	放电灯（不包括发光灯）安全要求	2014
23	GOST 31997—2012	小型灯	2014
24	GOST 31998.1—2012	白炽灯安全要求 第1部分：家用和类似场合普通照明用白炽灯	2014

序号	标准号	标准名称	实施日期
25	GOST 31999—2012	普通照明用自镇流灯 安全要求	2014
26	GOST 4677—1982	手电筒 一般技术条件	1984
27	GOST 8799—1990	管状荧光灯启动器 技术条件	1992
28	GOST 9503—1986	照明用散光器和保护用玻璃制品 连接尺寸	1988
29	GOST IEC 60061-1—2014	灯头、灯座及检验其安全性和互换性的量规 第 1 部分：灯头	2016
30	GOST IEC 60061-2—2017	灯头、灯座及检验其安全性和互换性的量规 第 2 部分：灯座	2019
31	GOST IEC 60061-4—2014	灯头、灯座及检验其安全性和互换性的量规 第 4 部分：导则及一般信息	2016
32	GOST IEC 60064—2019	家用和类似场合普通照明用钨丝灯 性能要求	2020
33	GOST IEC 60155—2012	荧光灯用辉光启动器	2015
34	GOST IEC 60238—2012	螺口灯座	2015
35	GOST IEC 60360—2012	灯头温升的测量方法	2014
36	GOST IEC 60400—2011	管形荧光灯灯座和启动器座	2014
37	GOST IEC 60432-2—2011	白炽灯安全要求 第 2 部分：家庭和类似场合普通照明用卤钨灯	2013
38	GOST IEC 60432-3—2016	白炽灯安全要求 第 3 部分：卤钨灯（非机动车辆用）	2018
39	GOST IEC 60570—2012	灯具用电源导轨系统	2015
40	GOST IEC 60570-2-1—2011	灯具用电源导轨系统 第 2 部分：混合供给系统 Ⅰ 类和 Ⅲ 类	2013
41	GOST IEC 60598-1—2017	灯具 第 1 部分：一般要求与试验	2020
42	GOST IEC 60598-2-1—2011	灯具 第 2—1 部分：特殊要求 固定式通用灯具	2013
43	GOST IEC 60598-2-2—2017	灯具 第 2—2 部分：特殊要求 嵌入式灯具	2019
44	GOST IEC 60598-2-3—2017	灯具 第 2—3 部分：特殊要求 道路和街道照明灯具	2020
45	GOST IEC 60598-2-4—2019	灯具 第 2—4 部分：特殊要求 可移式通用灯具	2020
46	GOST IEC 60598-2-5—2012	灯具 第 2 部分：特殊要求 第 5 节 泛光灯	2015
47	GOST IEC 60598-2-6—2012	灯具 第 2 部分：特殊要求 第 6 节 带内装式钨丝灯变压器或转换器的灯具	2015
48	GOST IEC 60598-2-7—2011	灯具 第 2 部分：特殊要求 第 7 节 庭院用可移式灯具	2013

序号	标准号	标准名称	实施日期
49	GOST IEC 60598-2-8—2011	灯具 第 2—8 部分：特殊要求 手提灯	2013
50	GOST IEC 60598-2-9—2011	灯具 第 2 部分：特殊要求 第 9 节 摄影和胶片灯具（非专业）	2013
51	GOST IEC 60598-2-10—2012	灯具 第 2—10 部分：特殊要求 儿童用可移式灯具	2014
52	GOST IEC 60598-2-13—2019	灯具 第 2—13 部分：特殊要求 地面嵌入式灯具	2020
53	GOST IEC 60598-2-17—2020	灯具 第 2—17 部分：特殊要求 舞台灯光、电视、电影及摄影场所（室内外）用灯具	2021
54	GOST IEC 60598-2-18—2011	灯具 第 2—18 部分：特殊要求 游泳池和类似场所用灯具	2013
55	GOST IEC 60598-2-19—2012	灯具 第 2—19 部分：特殊要求 通风式灯具	2015
56	GOST IEC 60598-2-20—2012	灯具 第 2—20 部分：特殊要求 灯串	2014
57	GOST IEC 60598-2-21—2017	照明器 第 2—21 部分：特殊要求 彩虹管	2019
58	GOST IEC 60598-2-22—2012	灯具 第 2—22 部分：特殊要求 应急照明灯具	2015
59	GOST IEC 60598-2-23—2012	灯具 第 2—23 部分：特殊要求 白炽灯用超低电压照明系统	2015
60	GOST IEC 60598-2-24—2011	灯具 第 2—24 部分：特殊要求 限制表面温度的灯具	2013
61	GOST IEC 60598-2-25—2011	灯具 第 2—25 部分：特殊要求 医院和康复大楼诊所用灯具	2013
62	GOST IEC 60730-2-3—2014	家用和类似用途的自动电气控制 第 2—3 部分：管形荧光灯镇流器热保护器的特殊要求	2015
63	GOST IEC 60838-1—2011	杂类灯座 第 1 部分：一般要求和试验	2013
64	GOST IEC 60838-2-1—2014	杂类灯座 第 2—1 部分：特殊要求 S14 灯座	2016
65	GOST IEC 60838-2-2—2013	杂类灯座 第 2—2 部分：特殊要求 用于 LED 模块的连接器	2015
66	GOST IEC 60901—2016	单端荧光灯的性能规范	2018
67	GOST IEC 60920—2012	管形荧光灯镇流器 一般要求和安全要求	2015
68	GOST IEC 60924—2012	管形荧光灯用直流电子镇流器 一般要求和安全要求	2015

续 表

序号	标准号	标准名称	实施日期
69	GOST IEC 60926—2012	灯用附件 启动装置（辉光启动器除外） 一般要求和安全要求	2015
70	GOST IEC 60928—2012	灯用附件 管形荧光灯用交流电子镇流器 一般要求和安全要求	2015
71	GOST IEC 60929—2017	交流和/或直流供电的管状荧光灯电子控制装置 性能要求	2020
72	GOST IEC 61046—2012	灯用附件 白炽灯用直流或交流电子降压转换器 一般要求和安全要求	2015
73	GOST IEC 61048—2011	灯用附件 管状荧光灯和其他放电灯用电容器 一般要求和安全要求	2013
74	GOST IEC 61050—2011	空载输出电压超过1000 V的管形放电灯用变压器(霓虹灯变压器) 一般要求和安全要求	2013
75	GOST IEC 61184—2011	卡口灯座	2013
76	GOST IEC 61195—2019	双端荧光灯 安全要求	2020
77	GOST IEC 61199—2019	单端荧光灯 安全要求	2020
78	GOST IEC 61228—2019	太阳浴用荧光紫外线灯 测量方法和规范	2020
79	GOST IEC 61347-2-2—2014	灯的控制装置 第2—2部分：白炽灯用交流或直流电子降压转换器的特殊要求	2015
80	GOST IEC 61347-2-7—2014	灯的控制装置 第2—7部分：应急照明用直流电子镇流器的特殊要求	2015
81	GOST IEC 61347-2-8—2017	灯的控制装置 第2—8部分：荧光灯镇流器的特殊要求	2019
82	GOST IEC 61347-2-9—2014	灯的控制装置 第2—9部分：放电灯用镇流器的特殊要求（荧光灯除外）	2016
83	GOST IEC 61347-2-13—2013	灯的控制装置 第2—13部分：LED模块用直流或交流电子控制装置的特殊要求	2015
84	GOST IEC 61549—2012	杂类灯	2014
85	GOST IEC 62031—2016	普通照明LED模块 安全规范	2018
86	GOST IEC 62384—2013	LED模块的直流或交流电子控制设备 性能要求	2015
87	GOST IEC 62493—2014	人体暴露于电磁场有关的照明设备的评估	2015
88	GOST IEC 62612—2019	电源电压＞50 V的普通照明用自镇流式LED灯 性能要求	2020
89	GOST IEC 62722-1—2017	灯具性能 第1部分：一般要求	2020
90	GOST IEC 62722-2-1—2017	灯具性能 第2—1部分：LED灯具特殊要求	2020
91	GOST IEC 62776—2019	设计为改进线性荧光灯的双端LED灯 安全规范	2020

序号	标准号	标准名称	实施日期
92	GOST R 50571.7.715—2014	低压电气装置 第7—715部分：特殊装置或位置的要求 超低压照明装置	2015
93	GOST R 51514—2013	技术设备的电磁兼容性 一般照明设备对电磁干扰的抗扰性 要求及测试方法	2014
94	GOST R 53073—2008	高压钠蒸气灯 性能要求	2009
95	GOST R 53075—2008	金属卤化物灯 性能要求	2009
96	GOST R 53879—2010	普通照明用自镇流灯 性能要求	2011
97	GOST R 54350—2015	光器件 光要求和测试方法	2016
98	GOST R 54814—2018	普通照明及相关设备用 LED 和 LED 模块 术语和定义	2019
99	GOST R 54992—2012	家用灯具 能源效率的测定方法	2013
100	GOST R 54993—2012	家用灯具 能耗属性	2013
101	GOST R 55392—2012	照明灯具和复合型灯具 术语和定义	2013
102	GOST R 55702—2020	电光源 电气和发光特性的测量方法	2021
103	GOST R 55703—2013	电光源 测量光谱和颜色特征的方法	2014
104	GOST R 55704—2013	电光源 术语和定义	2014
105	GOST R 55705—2013	采用 LED 光源的照明装置 一般规格	2014
106	GOST R 55839—2013	光源及照明装置 测试和演示文件格式	2015
107	GOST R 55840—2013	光源及照明装置 照明计算数据的呈现	2015
108	GOST R 55841—2013	灯具 IK 代码 IEC 62262 的应用	2015
109	GOST R 56230—2014	普通照明 LED 模块 性能要求	2015
110	GOST R 57671—2017	温室 LED 辐照器 基本规范	2017
111	GOST R 58229—2018	普通照明及相关设备的有机发光二极管 术语和定义	2019
112	GOST R 58814—2020	博物馆照明 术语和定义	2020
113	GOST R 58815—2020	博物馆照明灯具 一般规格	2020
114	GOST R 59175—2020	双端荧光灯 性能要求	2021
115	GOST R 59294—2021	光源、照明设备和照明系统 能源绩效指标和要求	2021
116	GOST R IEC 1047—1998	灯具附件 用于白炽灯的直流或交流电子降压转换器 性能要求	1999
117	GOST R IEC 60598-2-10—2012	灯具 第2—10部分：特殊要求 可移式儿童灯具	1999
118	GOST R IEC 60598-2-20—1997	灯具 第2—20部分：特殊要求 灯串	1998
119	GOST R IEC 60192—2011	低压钠蒸气灯 性能要求	2012
120	GOST R IEC 60357—2012	卤钨灯（非车载）性能规范	2013

序号	标准号	标准名称	实施日期
121	GOST R IEC 60598–2–11—2010	灯具 第2—11 部分：特殊要求 水族馆灯具	2011
122	GOST R IEC 60598–2–12—2012	灯具 第2—12 部分：特殊要求 电源插座安装的夜灯	2013
123	GOST R IEC 60809—2012	道路车辆灯具 尺寸、电气和照明要求	2013
124	GOST R IEC 60810—2015	道路车辆灯具 性能要求	2016
125	GOST R IEC 60838–2–2—2011	其他灯座 第2—2 部分：特殊要求 LED 模块的连接器	2012
126	GOST R IEC 60921—2011	灯的控制装置 荧光灯镇流器 性能要求	2013
127	GOST R IEC 60923—2011	灯的控制装置 镇流器放电灯（荧光灯除外） 性能要求	2013
128	GOST R IEC 61347–1—2011	灯的控制装置 第1部分：一般要求和安全要求	2012
129	GOST R IEC 61347–2–13—2011	灯的控制装置 第2—13 部分：LED 模块用直流或交流电子控制装置的特殊要求	2012
130	GOST R IEC 61347–2–3—2011	灯的控制装置 第2—3 部分：荧光灯用交流电子镇流器的特殊要求	2012
131	GOST R IEC 61347–2–8—2011	灯的控制装置 第2—8 部分：荧光灯镇流器的特殊要求	2013
132	GOST R IEC 62384—2011	为 LED 模块提供直流或交流电源的电子控制装置 性能要求	2012
133	GOST R IEC 62471—2013	灯和灯系统 光生物安全	2015
134	GOST R IEC 62560—2011	普通照明用 50 V 以上自镇流 LED 灯 安全规范	2012
135	GOST R IEC 62707–1—2014	LED 第1部分：白光 LED 的像素和网格色度坐标的一般要求	2015
136	GOST R IEC 60925—1998	管形荧光灯用直流电子镇流器 性能要求	1999
137	GOST R IEC 60927—1998	灯具辅助设备 启动装置（辉光启动器除外） 性能要求	1999

2.5.2.2.1　安全标准

俄罗斯照明产品标准中，安全标准有61项，其中等同采用IEC标准有57项，其余4项均为修改采用IEC标准，采标率100%。安全要求主要有GOST IEC 60598–×–×系列标准，GOST IEC 60061–×系列标准，GOST IEC 60432–×系列标准，GOST IEC 61347–×–×系列标准，GOST R IEC 61347–2–×系列标准等。

GOST IEC 60598–×–×和GOST R IEC 60598–2–×系列标准。该系列标准一共

有25部分，等同采用IEC 60598系列，与中国GB 7000系列标准对应。该系列标准分为两部分，其中，GOST IEC 60598-1（第1部分）规定了电压不超过1000 V电光源灯具的一般要求、相关测试、安全要求等，该部分标准的设立是为了有一套能够适用于大部分照明灯具的要求和测试，其标准或其在文章中列出的必须遵守的标准为照明灯具的强制性标准。GOST IEC 60598-2-×或GOST R IEC 60598-2-×（第2部分）规定了超过1000 V的特殊类型灯具的相关要求，涵盖固定式通用灯具、嵌入式灯具、道路与街路照明灯具、可移式通用灯具、庭园用可移式灯具、手提灯、水族箱灯具、电源插座安装的夜灯、地面嵌入式灯具、应急照明灯、儿童可移式灯具、通风式灯等多种具体类别灯具的特殊要求。上述所有标准均不能单独使用，第2部分的每一个标准必须和第1部分的标准一起使用。

GOST IEC 61347-×-×和GOST R IEC 61347-×-×系列标准。该系列标准共有9个部分，等同采用IEC 61347系列，与中国GB 19510系列标准对应。规定了各类灯具的镇流器、启动装置（辉光启动器除外）、电子降压转换器、电子换流器、变频器等控制装置在爬电距离、电气间隙、接地规定、接线端子、耐热、防火、耐漏电起痕、防潮与绝缘、防触电保护等各方面的安全要求。其中，第1部分GOST R IEC 61347-1规定了大多数灯的控制装置普遍适用的一般要求、安全要求与相关试验；其余部分标准规定了各类灯具控制装置的特殊要求。上述所有标准均不能单独使用，第2部分的每一个标准必须和第1部分的标准一起使用。

GOST IEC 60432-×系列标准。该系列标准一共有2个部分，等同采用IEC 60432系列，与中国GB 14196.×系列标准对应。该部分标准与GOST 31998.1《白炽灯安全要求 第1部分 家用和类似场合普通照明用白炽灯》配合使用，GOST 31998.1为修改采用IEC 60432-1。

GOST IEC 60061-×系列标准。该系列标准一共有3个部分，等同采用IEC 60061系列，与中国GB/T 21098及GB/T 1483.×系列标准对应。

2.5.2.2.2 性能标准

俄罗斯照明产品标准中，性能标准有22项，其中等同采用IEC标准有15项，采标率68.18%。

2.5.2.2.3 测试标准

俄罗斯照明产品标准中，测试标准有5项，其中等同采用IEC标准有2项，采标率40.00%。

金砖国家照明电器认证概况

3.1　中国照明电器认证概况

3.1.1　认证管理机构

中国认证认可监督管理委员会（Certification and Accreditation Administration of the People's Republic of China，CNCA），是国务院授权的履行行政管理职能，统一管理、监督和综合协调全国认证认可工作的主管机构[①]。2018年3月，根据第十三届全国人民代表大会第一次会议批准的国务院机构改革方案，将中国认证认可监督管理委员会职责划入中国市场监督管理总局，对外保留牌子，CNCA原有的相关业务职能由中国市场监督管理总局认证监督管理司和认可与检验检测监督管理司承担。

中国检验认证集团（China Certification and Inspection Group，CCIC）创建于1980年，是经中华人民共和国国务院批准设立、国务院国有资产监督管理委员会管理的中央企业，是以"检验、鉴定、认证、测试"为主业的综合性质量服务机构[②]。集团拥有CCIC和CQC两大品牌，下设检验公司、中国质量认证中心（CQC）、测试公司三大业务平台，在30多个国家（地区）的主要口岸和货物集散地设有机构，业务范围涵盖食品、农产品、石化、矿产、工业品、消费品、汽车、建筑、物流、零售等各个行业。

中国质量认证中心（China Quality Certification Center，CQC）是由中国政府批准设立，被多国政府和多个国际权威组织认可的第三方专业认证机构，隶属中国检验认证集团[③]。中国质量认证中心可提供安全与性能、节能环保与低碳、管理提升、国际认证及培训等各个领域的认证及相关技术服务，在广州、杭州、沈阳、上海、南京等12个城市设立了分中心，设有地方公司36个，检测机构17个，在国外设有33个业务推广平台，可提供高效优质的区域化、自助化、多元化和多样化服务。

[①] 中国认证认可监督管理委员会，http：//www.cnca.gov.cn/，2021-04-25。
[②] 中国检验认证集团，https：//www.ccic.com/，2021-04-11。
[③] 中国质量认证中心，https：//www.cqc.com.cn/，2021-04-28。

3.1.2　认证要求

2001年12月，国家质检总局发布了《强制性产品认证管理规定》，以强制性产品认证制度替代原来的进口商品安全质量许可制度和电工产品安全认证制度。中国强制性产品认证简称CCC认证或3C认证，是一种法定的强制性安全认证制度，也是国际上广泛采用的保护消费者权益、维护消费者人身财产安全的基本做法。2019年，中国市场监管总局发布关于调整完善强制性产品认证目录和实施要求的公告，调整了强制性产品认证目录，扩大了自我声明评价方式实施范围，并对强制性产品认证实施要求进行了调整。照明产品中，新增机动车外部照明及光信号装置由第三方认证方式调整为自我声明评价方式。根据2020年市场监管总局关于优化强制性产品认证目录的公告，列入《实施强制性产品认证的产品目录》中的产品，包括低压电器、家用电器、电动工具、汽车、安全玻璃、电线电缆、建材产品、玩具等产品，共涉及17大类103种产品，照明产品相关的包括灯具、镇流器及机动车外部照明装置，其中，机动车外部照明装置为实施自我声明程序A（自选实验室型式试验＋自我声明）的产品，灯具、镇流器为实施自我声明程序B（指定实验室型式试验＋自我声明）的产品。

照明产品认证主要依据中国认证认可监督管理委员会发布的《强制性产品认证实施规则 照明电器》《强制性产品认证实施规则 生产企业分类管理、认证模式选择与确定》《强制性产品认证实施规则 生产企业检测资源及其他认证结果的利用》《强制性产品认证实施规则 工厂检查通用要求》《强制性产品认证实施规则 工厂质量保证能力要求》等文件实施；同时，中国质量认证中心发布的《强制性产品认证实施细则 照明电器》作为《强制性产品认证实施规则 照明电器》的配套文件，在认证过程中，上述文件需要共同使用。其中，《强制性产品认证实施规则 照明电器》规定了照明电器产品实施强制性产品认证的基本原则和要求，适用于：电源电压大于36 V不超过1000 V的固定式通用灯具、嵌入式灯具、可移式通用灯具、水族箱灯具、电源插座安装的夜灯、地面嵌入式灯具、儿童可移式灯具；电源电压大于36 V不超过1000 V的荧光灯用镇流器、放电灯（荧光灯除外）用镇流器、荧光灯用交流电子镇流器、放电灯（荧光灯除外）用直流或交流电子镇流器、LED模块用直流或交流电子控制装置等。

照明电器产品强制性认证的基本认证模式为型式试验＋获证后监督，对于大型灯具还可以采用设计鉴定＋部分项目型式试验＋获证后监督。其中，获证监督是指获证后的跟踪检查、生产现场抽取样品检测或者检查、市场抽样检测或者检查三种方式之一。

认证类型主要包括CQC标志认证、节能认证（节字标）、RoHS认证、环保认证（环保标）、CCC认证等。从涉及内容看，又可分为安全认证、电磁兼容认证、节能认证、有毒有害物质限量认证等。

3.1.2.1　安全认证

1995年，我国开始对照明电器产品实施自愿性的安全认证工作，在1999年国家质量技术监督局将照明电器类产品纳入第二批安全认证强制管理目录。这大大促进了照明电器安全认证工作的开展。认证工作的推广，不仅企业的生产技术和产品质量得到提高，使行业的产品合格率水平明显提高，而且也促进了企业对外出口工作。

（1）认证依据

目前中国照明电器产品中涉及安全认证的主要有：应急照明灯具、庭院用的可移式灯具、道路与街路照明用灯具、投光灯具、灯串、手提灯、灯具用电源导轨系统、36 V以下固定式灯具、36 V以下可移式灯具、36 V以下嵌入式灯具、普通照明用自镇流荧光灯、普通照明用管形荧光灯（仅适用于直管管形荧光灯）、自镇流LED灯、高强度气体放电灯、普通照明用LED模块、双端LED灯（替换直管形荧光灯用）、紫外线消毒灯具、带充电锂离子电池或电池组的手持式和可移式LED灯具、植物生长灯，以及舞台、电视、电影、摄影（室内外）灯具等照明电器；管形荧光灯座和启动器座、荧光灯用启动器、启动装置（电子触发器）、直流电子镇流器、公共交通运输工具照明用直流电子镇流器、管形荧光灯和其他放电灯线路用电容器、LED光源控制器、与灯具联用杂类电子线路、照明用智能控制终端，以及钨丝灯用直流、交流电子降压转换器、杂类灯座、螺口灯座等照明产品控制装置及附件。相关产品的安全认证实施规则对应关系如表3-1所示。

表3-1　中国照明产品安全认证实施规则

序号	产品类别	认证实施规则号	认证实施规则名称
1	应急照明灯具	CQC 12-465313—2016	灯具安全与电磁兼容认证规则
2	庭院用的可移式灯具	CQC 12-465313—2016	灯具安全与电磁兼容认证规则
3	道路与街路照明用灯具	CQC 12-465313—2016	灯具安全与电磁兼容认证规则
4	投光灯具	CQC 12-465313—2016	灯具安全与电磁兼容认证规则
5	灯串	CQC 12-465319—2018	灯串安全与电磁兼容认证规则
6	手提灯	CQC 12-465313—2016	灯具安全与电磁兼容认证规则

序号	产品类别	认证实施规则号	认证实施规则名称
7	舞台、电视、电影、摄影（室内外）灯具	CQC 12-465313—2016	灯具安全与电磁兼容认证规则
8	灯具用电源道轨系统	CQC 12-465431—2018	灯具用电源导轨系统安全与电磁兼容认证规则
9	36 V 以下固定式灯具	CQC 11-465314—2016	36 V 及以下灯具安全与电磁兼容认证规则
10	36 V 以下可移式灯具	CQC 11-465314—2016	36 V 及以下灯具安全与电磁兼容认证规则
11	36 V 以下嵌入式灯具	CQC 11-465314—2016	36 V 及以下灯具安全与电磁兼容认证规则
12	普通照明用自镇流荧光灯	CQC 11-465101—2009	电光源安全认证规则
13	普通照明用管形荧光灯（仅适用于直管管形荧光灯）	CQC 11-465101—2009	电光源安全认证规则
14	自镇流 LED 灯	CQC 12-465138—2010	普通照明用自镇流 LED 灯安全与电磁兼容认证规则
15	高强度气体放电灯	CQC 11-465139—2011	高强度气体放电灯安全认证规则
16	普通照明用 LED 模块	CQC 12-465393—2016	普通照明用 LED 模块安全，电磁兼容，光生物安全及蓝光危害评估认证规则
17	双端 LED 灯（替换直管形荧光灯用）	CQC 12-465196—2014	双端 LED 灯安全和电磁兼容认证规则
18	带充电锂离子电池或电池组的手持式和可移式 LED 灯具	CQC 11-465198—2017	带充电锂离子电池或电池组的手持式和可移式 LED 灯具安全认证规则
19	植物生长灯	CQC 13-465396—2019	植物生长灯安全和性能认证规则
20	紫外线消毒灯具	CQC 13-465141—2020	紫外线消毒灯具安全和性能认证规则
21	管形荧光灯灯座和启动器座	CQC 11-465423—2017	管形荧光灯灯座和启动器座安全认证规则
22	螺口灯座	CQC 11-465429—2016	螺口灯座安全认证规则
23	荧光灯用启动器	CQC 11-465424—2009	照明电器附件安全认证规则
24	启动装置（电子触发器）	CQC 11-465426—2011	启动装置（电子触发器）安全认证规则
25	直流电子镇流器	CQC 11-465424—2009	照明电器附件安全认证规则
26	杂类灯座	CQC 11-465425—2010	杂类灯座安全认证规则
27	钨丝灯用直流、交流电子降压转换器	CQC 12-465421—2009	钨丝灯用直流交流电子降压转换器安全与电磁兼容认证规则
28	管形荧光灯和其他放电灯线路用电容器	CQC 11-461243—2010	管形荧光灯和其他放电灯线路用电容器安全认证规则
29	公共交通运输工具照明用直流电子镇流器	CQC 12-461222—2009	公共交通运输工具照明用直流电子镇流器安全与电磁兼容认证规则
30	LED 光源控制器	CQC 12-461224—2011	LED 用直流交流电子控制器安全与电磁兼容认证规则
31	与灯具联用杂类电子线路	CQC 12-465427—2011	与灯具联用杂类电子线路安全与电磁兼容认证规则
32	照明用智能控制终端	CQC 13-465428—2016	照明用智能控制设备及终端产品安全和性能认证规则

　　根据《强制性产品认证实施规则 照明电器》，在安全方面认证主要依据GB 7000系列标准和GB 19510系列标准。不同灯具依据标准如表3-2所示。

表3-2　中国照明产品安全认证依据标准

序号	产品种类	认证依据标准
1	固定式通用灯具	GB 7000.1 GB 7000.201
2	嵌入式灯具	GB 7000.1 GB 7000.202
3	可移式通用灯具	GB 7000.1 GB 7000.204
4	水族箱灯具	GB 7000.1 GB 7000.211
5	电源插座安装的夜灯	GB 7000.1 GB 7000.212
6	地面嵌入式灯具	GB 7000.1 GB 7000.213
7	儿童可移式灯具	GB 7000.1 GB 7000.4
8	荧光灯用镇流器	GB 19510.1 GB 19510.9
9	放电灯（荧光灯除外）用镇流器	GB 19510.1 GB 19510.10
10	荧光灯用交流电子镇流器	GB 19510.1 GB 19510.4
11	放电灯（荧光灯除外）用直流或交流电子镇流器	GB 19510.1 GB 19510.13
12	LED 模块用直流或交流电子控制装置	GB 19510.1 GB 19510.14

（2）认证标志

　　"CCC"认证属于国家专用认证标志，标志的式样由基本图案和认证种类标注组成，基本图案中"CCC"为"中国强制性认证"的英文名称"China Compulsory Certification"的英文缩写。在认证标志基本图案的右侧标注认证种类，由代表该产品认证种类的英文单词的缩写字母组成，因此当认证仅涉及安全时，在认证标志基本图案的右侧标注"S"（图3-1）；当认证不仅涉及安全还涉及电磁兼容时，在认证标志基本图案的右侧标注"S&E"（图3-2）。

图3-1 "CCC"安全认证标志　　　　图3-2 "CCC"安全和电磁兼容认证标志

　　"CQC"认证为认证中心专有认证标志，标志的式样由基本图案和认证种类标注组成，基本图案中"CQC"为"中国质量认证中心"的英文名称"China Quality Certification Center"的英文缩写。在认证标志基本图案的正下方标注认证种类，代表该产品所获得的认证种类，认证种类标注由英文单词的缩写字母组成，如：在认证标志基本图案的正下方标注"S"（图3-3）；当认证不仅涉及安全还涉及电磁兼容时，在认证标志基本图案的正下方标注"S&E"（图3-4）。

图3-3 "CQC"安全认证标志　　　　图3-4 "CQC"安全和电磁兼容认证标志

3.1.2.2 节能认证

　　节能产品认证是依据相关的节能认证用标准或技术条件，经节能产品认证机构确认，并通过颁发节能认证证书和节能标志证明某一产品为节能产品。实施节能认证制度后，凡经过认证的产品都有特定的、统一节能标志，通过节能标志可以将节能产品和非节能产品区别开来。凡申请节能认证的产品必须首先符合产品的安全标准和性能标准，在此基础上符合能效标准，才有资格获得节能标志。

　　（1）认证依据

　　目前中国照明电器产品中涉及节能认证的主要有LED道路/隧道照明产品、道路和隧道照明用LED灯具、道路照明灯具系统、反射型自镇流LED灯、高压钠灯、LED筒灯、金属卤化物灯、平板灯具、普通照明用非定向自镇流LED灯、普通照明用双端荧光灯、普通照明用自镇流荧光灯、双端LED灯（替换直管形荧光灯用）、中小学校及幼儿园教室照明产品、LED模块用交流电子控制装置、单端无极荧光灯用交流电子镇流器、高压钠灯镇流器、管形荧光灯镇流器、金属卤化物灯用镇流器等18类照明产品。相关产品节能认证实施规则对应如下。

表3-3　中国照明产品节能认证实施规则

序号	产品类别	认证实施规则号	认证实施规则名称
1	LED道路/隧道照明产品	CQC 31-465392—2016	LED道路/隧道照明产品节能认证规则
2	LED模块用交流电子控制装置	CQC 31-461281—2017	LED模块用电子控制装置节能认证规则
3	LED筒灯	CQC 31-465331—2019	LED筒灯节能认证规则
4	单端无极荧光灯用交流电子镇流器	CQC 31-461229—2014	单端无极荧光灯用交流电子镇流器节能认证规则
5	道路和隧道照明用LED灯具	CQC 31-465397—2019	道路和隧道照明用LED灯具节能认证规则
6	道路照明灯具系统	CQC 31-465391—2018	道路照明灯具系统节能认证规则
7	反射型自镇流LED灯	CQC 31-465137—2013	反射型自镇流LED灯节能认证规则
8	高压钠灯	CQC 31-465134—2009	高压钠灯节能认证规则
9	高压钠灯镇流器	CQC 31-461226—2010	高压钠灯镇流器节能认证规则
10	管形荧光灯镇流器	CQC 31-461225—2012	管形荧光灯镇流器节能认证规则
11	金属卤化物灯	CQC 31-465135—2018	金属卤化物灯节能认证规则
12	金属卤化物灯用镇流器	CQC 31-461227—2010	金属卤化物灯用镇流器节能认证规则
13	平板灯具	CQC 31-465317—2014	LED平板灯具节能认证规则
14	普通照明用非定向自镇流LED灯	CQC 31-465192—2014	普通照明用非定向自镇流LED灯节能认证规则
15	普通照明用双端荧光灯	CQC 31-465132—2013	普通照明用双端荧光灯节能认证规则
16	普通照明用自镇流荧光灯	CQC 31-465131—2013	普通照明用自镇流荧光灯节能认证规则
17	双端LED灯（替换直管形荧光灯用）	CQC 31-465197—2014	双端LED灯（替换直管形荧光灯用）节能认证规则
18	中小学校及幼儿园教室照明产品	CQC 31-465318—2016	中小学校及幼儿园教室照明产品节能认证规则

（2）认证标志

认证标志的式样见图3-5，中间的图案寓指为"长城"，代表中国，变形的"节"寓意节约能源，"长城"的外轮廓"C"代表中国China，还有"e"代表能源Energy。标志上方为中文字"中国节能认证"，下方为英文"Energy Conservation Certification"。

图3-5 节能认证标志

3.1.2.3 其他认证

照明电器产品涉及认证的除安全和节能之外，还涉及电磁兼容认证、蓝光危害等级认证、性能认证、有毒有害物质限量（RoHS）认证、含汞量认证等。

3.2 南非照明电器认证概况

3.2.1 认证管理机构

南非标准局（SABS）是南非的一个中立的第三方认证机构，主要负责南非的体系认证及产品认证，代表国家管理强制性规范标准，对符合规范的产品授予标志使用权。此外，还负责对符合ISO 9001、ISO 9002的企业颁发证书，并代表国家和一些主要的购买商负责装船前的检验和测试，颁发合格证书，是南非政府控制产品进出口的重要机构。SABS的测试和认证服务由旗下商业公司SABS Commercial（Pty）Ltd. 64个实验室对7个工业领域（机械、食品和制药、健康、矿业、电气技术、交通、化工）提供测试工作，同时对强制性规范的产品执行国家LOA等检测认证服务。SABS认证分为产品认证和体系认证两大类，而SABS产品认证主要包括以下8大类：化学制品、生物制品、纤维制品和服装、机械制品、安全设备、电工产品、土木和建筑及汽车产品等。

　　根据《国家强制性规范管理者法案》（2008年第5号法案）的规定，南非国家强制性规范监管机构（National Regulator for Compulsory Specifications，NRCS）成立于2008年9月1日，最初是作为南非标准局（SABS）的一个监管部门，如今已是一个独立组织，由南非贸易、工业和竞争部（DTIC）所管辖[①]。NRCS的任务包括促进公共健康与安全，环境保护和确保公平贸易，通过制定和管理技术法规和强制性规范，以及通过市场监督以确保符合强制性规范和技术法规的要求来实现此任务。NRCS负责开展汽车、电子技术、食品等领域的认证工作。其内业务部门——电子技术部职责是确保在南非出售的电气和电子设备，组件和相关产品的安全性和能源效率，是家用和工业用低压电气装置的电气产品和组件的批准机构。

3.2.2　认证要求

　　南非是IECEE-CB体系成员国，其认证主要依据IEC国际电工标准或国家标准。根据南非VC 8055《电子电气设备强制性规范》（第32443号公报第788号通告）的要求，属于强制性规范（VC）范围之内的电子电气设备的制造商或进出口商在产品进口和销售之前，要求提供LOA证书，该证书仅在成功评估所提交的合规证明之后才签发。为此，南非税务局（South African Revenue Service，SARS）与NRCS之间还签署了协议备忘录以确保严格的进口控制。

　　（1）LOA认证

　　南非国家强制性规范监管机构（NRCS）提供LOA认证业务，南非照明电器相关的LOA（Letter of Authority）认证依据包括VC 8055、VC 8011、VC 8036 、VC 8039 ，VC 8043，VC 9008，VC 9087，VC 9091等强制性规范。根据VC 8055的有关规定，对于照明产品，除满足标记要求和一般要求外，还需满足SABS 60598系列标准第1部分：固定式通用灯具；第2部分：嵌入式灯具；第4部分：便携式通用照明设备；第5部分：泛光灯；第6部分：内装变压器的钨丝灯灯具；第7部分：庭园用可移式灯具；第8部分：手提灯；第9部分：照片和胶片灯具（非专业）；第10部分：儿童用可移式灯具；第18部分：游泳池和类似用途的灯具；第20部分：

[①] 南非国家强制性规范监管机构，https：//www.nrcs.org.za，2021-05-12。

灯串；第22部分：应急照明灯；以及第19部分：通风式灯具。需要注意的是，LOA认证没有认证标志。认证流程如图3-6所示。

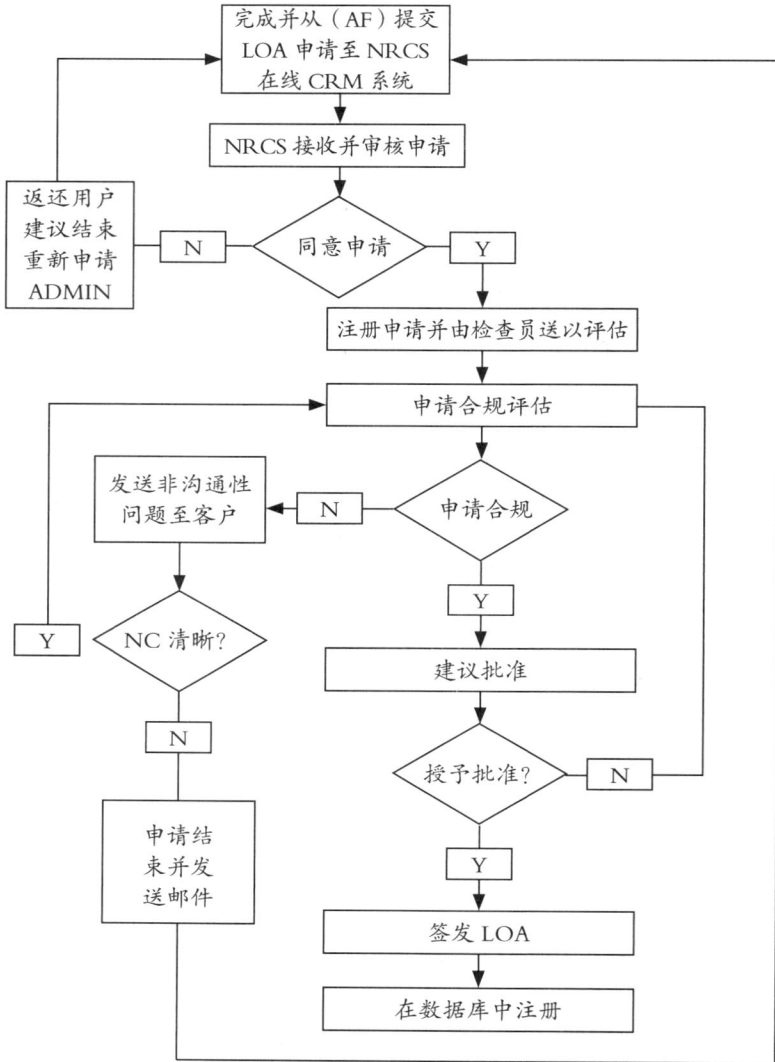

图3-6　LOA认证流程图

（2）SABS认证

南非标准局（SABS）提供SABS认证业务，包括产品认证和体系认证，主要是侧重质量管理体系认证和行业认证。因此，取得SABS标志认证的产品必须符合SABS/SANS国家规范，并且已通过ISO 9000或特定许可条件的评估。如果申请SABS安全标志，则需根据适用的强制性标准确定是否符合安全要求；如果申请SABS性能标志，则需应要求提供声明符合的标准列表。SABS产品认证计划旨在为消费者提供产品质量安全性和可靠性的第三方保证，受南非国家认证系统（SANAS）监督。SABS认证本质上是自愿性的，在LOA的基础上，产品的制造商可以选择获取SABS标志。SABS认证始于1980年，在当地影响力较大，虽然为自愿性认证，单产品若能获取SABS认证，将会在整个南非市场上非常受欢迎。南非照明电器相关的SABS认证涵盖照明设备相关的安全、性能和光度测试，电磁/电子镇流器和变压器，电容器，辉光起动器，白炽灯和节能灯，电子开关和电子调光器，交通信号控制器和交通灯，汽车灯等。认证依据包括以下标准，见表3-4。

表3-4 南非照明产品SABS认证依据

序号	标准号	标准名称
1	ISO 10355：2004	轻便摩托车、照明和光信号装置的定位
2	ISO 11460：2007	两轮摩托车、照明和光信号装置的定位
3	ISO 12509：2004	土方机械、照明、信号和标志灯及反射镜装置
4	ISO 15370：2010	船舶与海上技术、客轮低位照明（LLL）、布置
5	ISO 16154：2005	农业和林业用拖拉机和机械、公共道路运输用照明、照明信号和标记装置的安装
6	ISO 30061：2007	应急照明
7	ISO 303：2002	道路车辆、汽车及其挂车的照明和光信号装置的安装
8	ISO 6742-1：1987	自行车 照明和反射装置 光学和物理要求 第1部分 照明设备
9	ISO 6742-2：1985	自行车 照明和反射装置 光学和物理要求 第2部分 反射装置
10	ISO 7227：1987	道路车辆 照明和光信号装置 词汇
11	ISO 8995-1：2002	工作场所照明 第1部分 室内
12	ISO 8995-3：2006	工作场所照明 第3部分 户外工作场所安全和安全性照明要求
13	ISO/IEC 29341-7-10：2008	信息技术 UPnP装置结构 第7—10部分：照明装置控制协议 灯光控制服务
14	ISO/IEC 29341-7-11：2008	信息技术 UPnP装置结构 第7—11部分：照明装置控制协议 开关供电服务
15	ISO/IEC 29341-7-1：2008	信息技术 UPnP装置结构 第7—1部分：照明装置控制协议 二元照明装置
16	ISO/IEC 29341-7-2：2008	信息技术 UPnP装置结构 第7—2部分：照明装置控制协议 可调光装置
17	ISO/IEC TR 15067-2：1997	信息技术 家庭电子系统（HES）应用模型 第2部分：HES 照明模型
18	ISO/TR 10603：1992	道路车辆 关于照明和光信号装置的法规情况
19	ISO/TR 11842：1997	道路车辆 各国照明装置法定配光要求的比较

申请SABS认证的企业需要符合以下条件：

①产品符合SABS/SANS国家标准；

②产品通过相应标准测试；

③质量体系满足ISO 9000要求或其他指定要求；

④只有产品和质量体系均满足要求，方可颁发SABS标志使用许可；

⑤全年进行定期的产品测试，并提交和公开测试结果；

⑥每年至少进行2次质量体系评估，并发布完整的报告。

SABS标志见图3-7：

图3-7　SABS认证标志

SABS认证的一般流程：

①制造商填写完整的申请表；

②如果工厂有不止一处的厂房，则要求另填申请表。认证范围内的每个产品都要求体现在申请表上。另外，工厂还需要填写负责人信誉的申请表，该负责人要保证第一次审查费和其他的认证费用。

③南非标准局收到申请表后，将会发出一份审核的报价单。

④在报价被认可的前提下，南非标准局将会进行工厂的审查。

⑤如果以上审核都通过了，南非标准局将会准备每年的监督合约。

⑥每年将会有2位审核员进行随机审查，每年的监督审查和测试费用将在合约上写明。

⑦2位审核员将会把抽查样品带回实验室。

⑧以后的测试的样品，南非标准局将会从南非买家的货物中抽取，如果货物的批次是少于每年4次的，那么不够的样品就要求从工厂寄出，其费用将由工厂承担。

⑨如果测试结果是不合格的话，那么样品的费用和重测的费用都将由工厂承担。

⑩证书的有效期将会是3年，除非有其他原因取消证书。

（3）COC认证

2017年6月1日起，南非标准局（SABS）加强南非EMC认证和COC发行的监管，厂商可使用SABS 授权实验室（SABS LAS–SABS Laboratories Authorization Scheme）的报告申请SABS EMC CoC （Certificate of Conformity）。该申请方式在在线系统2017年10月1日开始使用前，皆以E-mail方式手动申请。产品申请南非EMC认证要求如下：

①申请时必须有当地公司代表。

②费用：测试费、申请费与年费。

③证书有效期为3年。

④需在次年到期前3个月缴交年费。

⑤若未及时缴交年费，证书将自动失效。若有过期未缴费的状况，厂商可告知SABS目前市场上还有多少货量，SABS会重新评估。

⑥若证书尚未到期但不再使用或厂商欲停止营运，应书面通知SABS。

⑦需要具备来自SABS认可的实验室出具的EMC / EMI和LVD测试报告。

⑧SABS EMC COC主要管控非电信类电子设备。

⑨每个COC只有一个品牌/制造商。

自2017年9月1日起， SABS与ICASA将定期进行市场抽测，查核已进入南非市场的不符合规定产品。

3.3 巴西照明电器认证概况

3.3.1 认证管理机构

巴西国家计量质量和技术研究所（Instituto Nacional de Metrologia， Qualidade e Tecnologia，INMETRO）是巴西国家计量、标准化和工业质量理事会（CONMETRO）的执行秘书单位，也是巴西国家计量、标准化和质量系统（SINMETRO）的常设机构[①]。INMETRO是负责认可认证组织的机构，该组织应负责对产品进行认证，以确保符合性和批准的认证标志。该认证计划被称为巴西合格评定系统（SBAC）。

---

① 巴西国家计量标准和工业品质局，https：//www.gov.br/inmetro/pt–br，2021–06–02。

INMETRO也是巴西电子电器产品的安全合格评定、认可和认证的主管机构，其主要职责为：负责国际计量标准的量值传递和溯源，实现标准的内部协调并符合国际惯例；对认证机构、检测机构、计量和检测实验室的认可；规范强制和自愿认证的产品、程序和服务；规范认可的计量、检测实验室；代表巴西处理贸易和技术壁垒的焦点问题，并负责巴西的WTO和TBT咨询点的相关工作；代表巴西参加有关计量和质量的国际活动，促进国际机构间的交流。

巴西产品认证机构（UCIEE）成立于1991年，是巴西认证证书的重点签发机构，也是巴西的产品验证机构，1993年获得INMETRO授权开展低压设备和产品、电信设备、IT设备、用于高危地区的设备、煤气系统设备、灯具、医疗器械及管理体系认证的认可。它是IECEE-CB体系的国家成员机构（MB）和国家认证机构（NCB）。目前无CB实验室，虽不能颁发CB测试报告和证书，但可认可家用电器、照明设备、医疗电器、低压大功率设备、信息技术类和安全保护类产品的CB测试报告。UCIEE是UC认证证书的签发机构。

3.3.2 认证要求

自2015年起，巴西政府强制要求进口的LED照明产品需要通过INMETRO认证。能效标签包括能效标签计划（PBE）和国家电力节能计划（PROCEL）。其具体要求如下：

（1）INMETRO认证。与LED有关的有第389号法令、第143号法令和第144号法令，第389号法令和第143号法令分别于2014年8月25日和2015年3月13日颁布，针对LED产品质量和技术方面的要求，主要与能源效率、安全和电磁兼容方面相关。第144号法令主要针对LED产品的进口商、制造商和批发零售商。2015年12月16日之后，新进口和制造的产品必须根据最新要求经过INMETRO认证和注册。INMETRO认可认证机构包括DEKRA，SFDK，ABNT，TUV，IBC，BVQI，A2Br，UL，IEX，NCC，SGS，INTERTEK等。

INMETRO认证类型分为强制性认证和自愿性认证两种，自愿证书授予那些自行决定要其商品或服务获得INMETRO认证的公司，自愿认证的产品包括：瓶装天然矿泉水、电脑用品、酒、开关和断路器、低压电气装置、瓷砖、民用建筑材料和设备等。强制性认证涉及90类产品，主要包括儿童用品、玩具、电气设备、医疗器械、车辆、荧光灯电子镇流器、使用放电灯和LED技术的街道照明等。

INMETRO认证的发证机构必须是INMETRO认可的第三方认证机构，检测必须由INMETRO认可的产品认证机构进行。凡符合巴西标准及其他技术性要求的产品，产品认证合格后必须附有强制性INMETRO标志，并加贴经INMETRO认可的第三方认证机构的认证标志，方可进入巴西市场。INMETRO的认证标志见图3-8：

图3-8 INMETRO认证标志

（2）能效标签计划（PBE）。巴西能效标签计划（Programa Brasileiro de Etiquetagem，PBE）起源于1984年在巴西矿产能源部（MME）干预下由巴西工贸部与巴西电子电力行业协会（ABINEE）签署的协议。根据2001年10月颁布的《国家节能与合理使用能源法》以及同年12月颁布的第4059号法，该计划成为一种强制性的能效标签计划。类似于欧盟的能源标志，巴西PBE能效标签除了能效等级（从最高能效的A级到最低能效的G级）外，还包含制造商名称、商标、产品型号、耗电量以及产品特性等信息。测试必须由INMETRO授权巴西当地的实验室完成，无法在中国进行。另外。必须由巴西合法代理商或实际进口商直接向INMETRO申请。

（3）国家电力节能计划（PROCEL）。PROCEL标志计划是PBE计划中的一个分支项目。1985年巴西通过了第1877号决议，启动了国家电力节能计划（PROCEL），而后1993年12月8日通过的总统法令正式开展PROCEL计划。PROCEL计划由巴西矿产能源部（MME）提出，INMETRO负责协调，现归巴西电力公司（ELETROBRáS）执行管理。PROCEL标志是一种节能认证标志。电气产品获得该标志，意味着电气设备达到最佳能效水平、消耗更少的能量。每年颁发给已经获得较高能效等级并且达到法定要求的电气产品。

PROCEL计划为自愿参与，参与的机构和厂商将对产品进行能效测试。在产品测试后，管理机构会根据结果制定出一个标准，然后按照标准对设备进行分类，而这些测试会定期进行，标准也会随之更新。依照目前在能耗标准上表现最佳的产品，经过测试并被判定为该类产品中性能最好的电器，会得到PROCEL认证标志。经过一段时间的实施或者审查后，每个类别中将会有多达25%或更高能源效率的产品。依据《国家节能和合理使用能源法》的要求，PROCEL标志自愿性认证计划开始转化成强制性认证。需要进行认证的照明产品包括：紧凑型荧光灯、高压钠蒸气灯、电磁镇流器高压钠灯、高压钠蒸气灯、家用白炽灯等。

2014年，国家电力节能计划（PROCEL）将LED灯纳入了PROCEL计划。对于紧凑型荧光灯，带PROCEL标志的LED灯可减少35%的能耗，与白炽灯相比，节能可超过80%，耐用性提高25倍。要获得PROCEL标志的LED灯必须满足特定的安全、质量和性能标准。例如，至少25000小时的使用寿命和高功率因数，最低效率为80lm/W（每瓦特的测量流明单位）和IRC 80（显色指数）。要获得PROCEL标志，供应商必须证明其设备符合PROCEL确立的所有要求。为此，必须在指定的实验室中对灯进行测试。指定实验室包括：电能研究中心（Eletrobras Cepel）；圣保罗大学能源与环境研究所（IEE/USP）；技术发展研究所（Lactec）；UFF发光技术实验室（Lablux）；南里约热内卢天主教大学（Labelo/PUC–RS）；Testtech合格评定实验室有限公司（Testtech）；TOP LAB –光明技术实验室；TÜVRheinland do Brasil。

3.4 印度照明电器认证概况

3.4.1 认证管理机构

印度标准局（BIS）是印度标准化与认证主管机构，负责发放与管理BIS认证证书，通过其认证的产品会打上ISI标签，该标签在印度及周边国家有着广泛的影响，良好的信誉是产品质量的可靠担保。产品一旦标有"ISI标志"就意味着符合印度相关标准，消费者可以放心购买。

2002年3月，印度能源部依据印度《能源节约法》成立能源效率局（Bureau of Energy Efficiency，BEE）。作为能效标签计划的所有者，其职能是在《能源节约法》的整体框架内发展印度能效政策和战略，加强对自我监督和市场原则的管理和规范，减缓印度经济日益增长所带来的不断增加的能源消耗，负责开发、制订及实施印度的能源标签计划[①]。

3.4.2 认证要求

（1）BIS认证

印度标准局（BIS）对电子电器产品实施强制性标志认证及强制注册要求（CRS注册）。强制标志认证范围内的产品须取得认证证书，加贴 BIS认证标志（见图3-9），方可进入市场销售；强制注册范围内的产品须在 BIS进行CRS注册，加贴注册标志，才可以进入市场销售。BIS产品认证通过对工厂质量管理体系的初次检验和评定，样品检测，确认合格后发证，认证后由工厂质量管理体系监督。通过对工厂和市场上抽取样品进行检测，来确定产品是否与印度标准保持一致。照明产品整个大类都属于BIS强制认证范围，而属于CRS注册范围的照明产品，为LED模块的直流或交流供电控制器、普通照明用自镇流LED灯。

图3-9　BIS认证标志

BIS认证流程（见图3-10）如下：

①申请。申请BIS认证的国外生产商需填报专用申请书，向BIS总部提交相关申请材料。BIS对申请者提交的申请文件和资料进行审查，确保材料完备且符合要求。

②工厂检查。BIS将指派团队赴工厂进行检查。

③样品检测。BIS团队挑选样品并进行独立检测。

④颁发证书。如果工厂检查和样品检测结果合格，且申请者同意认证后执行BIS认可的检验测试方案并支付BIS标志费，方可向申请者颁发证书。证书有效期为1年，证书授予后，执证者每年要支付标志费以及证书年费。

⑤认证后监督。BIS通过对授予证书的对象开展常规监督。包括对工厂、市场上的样品进行突击检查和检测，持续监督其认证产品的质量。如果定期检查合格，证书可予以更新。执证者通过提交指定表格，向BIS提出更新申请。

---

①印度能源效率局，https：//www.beeindia.gov.in/.2019/4/1。

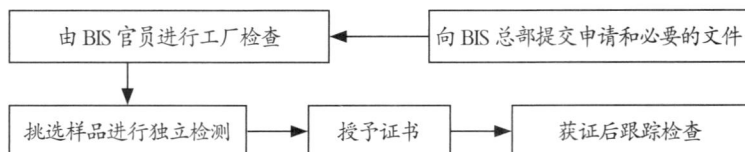

图3-10　BIS认证程序

CRS注册程序及注册标志见图3-11、3-12。

图3-11　CRS注册程序

图3-12　CRS注册标志

需要注意的是，外国制造商都需在印度国内拥有一位代表代为持有BIS认证和CRS注册证书。且印度不接受CB转证和异国检测，外国制造商需自行将样品寄送至印度实验室进行检测，检测周期至少10星期。

（2）BEE能效认证

能源标签计划的目的是降低能源消耗，提供能效性能信息，帮助消费者选择商品，于2006年5月18日正式实施。目前涉及产品类别已从15大类拓展到21大类；需要强制性能效注册的产品包括：无霜冰箱、室内空调器、管形荧光灯、配电变压器。自愿性能效标签的产品包括：室内空调器（小型分体式、落地塔式、天花板式）、直冷式冰箱、感应电动机、农用泵组、柴油机驱动的农用泵、吊扇、家用液化气（LPG）炉、电动喷泉、彩电、洗衣机、计算机（笔记本电脑/膝上型便携电脑）、镇流器（电子/磁性）、办公设备（打印机、复印机、扫描仪、多功能设备等）。

国外制造商申请能源效率注册时，必须提供印度当地注册办事处经销商或分销商的相关信息。印度BEE能效认证程序步骤可以分4步：

①公司注册；

②产品测试；

③产品注册；

④量产出货交标志费。

整个认证周期在15—18周。公司注册及产品注册均需要在印度本地完成，对于国外供应商而言，需要有本地印度代表。为避免印度客户变化带来的不便，制造商可采用专业认证公司的印度代表当全职印度代表。在照明产品方面，除了对能效有要求外，BEE也要求确保照明产品的安全性。生产厂商需确保产品符合各种安全标准，比如光生物安全。

能效标志共分5个等级，从一星到五星，五颗星为最佳评级。以LED为例，根据BEE的标准，光效范围在79—90 lm/W的LED灯将获得二星评级；91—105 lm/W的LED灯将获得三星评级；106—120 lm/W的LED灯将获得四星评级；而光效＞120 lm/W的产品将获得五星评级。按此划分，目前印度市场上大量LED产品将被归为二星和三星能效评级。

3.5 俄罗斯照明电器认证概况

3.5.1 认证管理机构

2011年，俄罗斯根据俄联邦总统法令建立了国家统一的认可体系，成立俄罗斯联邦认可局（Russina Accreditation）。俄罗斯联邦认可局主要在良好实验室规范（GLP）、实验室、检验机构、认证机构领域开展认可活动，被认可的检测和认证机构有权对即将进入俄罗斯市场的产品进行检测并颁发认证证书。俄罗斯联邦《产品和服务认证法》规定了两种类型的认证——强制认证和自愿认证。强制认证体系由政府实施管理；自愿认证系统可由任意组织创建，但决定创建自愿认证系统的公司或组织需要向俄罗斯联邦技术监管和计量局（ROSSTANDART）注册后方可开发自己的认证规则、认证标志和认证目录等。

3.5.2 认证要求

（1）CU-TR认证

俄罗斯实行的产品认证为CU-TR认证，全称为俄白哈海关联盟技术法规认证（Technical Regulations of the Customs Union）。因其认证统一标志为EAC，所以也常被称为EAC认证。凡是纳入海关联盟技术法规管制清单的产品，都必须进行CU-TR 认证，标志见图3-13。只有通过该认证的产品，才被允许在俄、白、哈三国进行销售。

图3-13　CU-TR 认证标志

CU-TR认证分为CU-TR证明和CU-TR合格声明两种认证类型。被列入技术法规管制清单的产品需提供CU-TR证明，其他产品提供CU-TR合格声明即可。目前，涉及照明产品的海关联盟法规为《海关联盟关于低电压设备安全性的法规（TR CU 004/2011）》和《海关联盟关于技术产品电磁兼容性的法规（TR CU 020/2011）》。这两项法规均将照明产品列入了管制清单，这就意味着进入海关联盟任一成员国市场的照明产品需提供CU-TR 证明。其认证程序见图3-14。

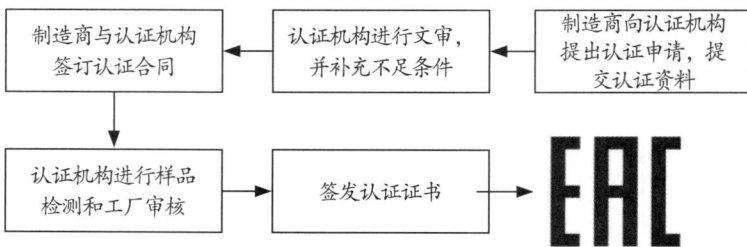

图3-14　CU-TR 证明的认证程序

CU-TR证明又下分了9种认证模式，根据法规TR CU 004/2011和TR CU 020/2011的要求，针对照明产品，需根据具体的认证对象采用1C，3C，4C中的任一模式（见表3-5）。

表3-5　TR CU 004/2011和TR CU 020/2011对CU-TR证明的要求

认证类型	认证模式	认证对象	证书有效期
CU-TR 证明	1C	批量生产的产品	不超过 5 年
	3C	成套产品	未规定
	4C	单个零部件	未规定

根据其性质的不同，可能需要一种或多种认证要求。目前为止，根据俄罗斯联邦法律的规定，目前有16种强制认证体系，如GOST R认证、防火安全认证、卫生认证、植物管理、环保（臭氧）、建筑和建筑师管理、电信、军事、警察等认证体系；对于电子类产品，主要涉及GOST R认证、卫生认证体系、防火认证体系和通信产品认证这4种强制性的认证。其中照明电器主要涉及GOST R认证、卫生认证和防火认证。

（2）GOST R认证

GOST R认证，也称GOST认证，是一种对俄罗斯制造商和出口到俄罗斯市场的出口商来说都非常重要的认证。2004年，其原来主管机构"俄罗斯国家标准计量认证委员会"被新成立的政府主管机构"俄罗斯联邦技术监管和计量局"所取代。对出口到俄罗斯的商品，GOST证书是需要提交给俄罗斯海关的必备文件之一。GOST认证方案由ROSTANDART和俄罗斯海关联合进行监控。根据俄罗斯认可机构ROSSTANDARD的规定，超过50%的俄罗斯市场上销售的产品必须加贴GOST R符合性标志。GOST认证可分为强制性认证与自愿性认证，照明技术产品属于需要具有强制认证证明的范围。GOST认证证书是对产品的质量与安全性符合国家标准与法规所颁发的证书。认证证书是由ROSSTANDART委托的认证机构颁发，由委托实验室颁发的实验报告是颁发GOST证书的基本条件。

根据1999年3月30日制定的《关于防止流行病保障人民卫生健康》的俄国联邦法规定，一些产品必须办理由俄罗斯卫生检疫部门发放的"卫生证明证书"。家用电器，如冰箱等必须办理由俄罗斯卫生检疫部门发放的"卫生证明证书"。俄罗斯消费者权力机关在货物到达俄罗斯边境清关时需要检查该文件，然后由贸易检察员在货物摆上零售架后再次进行检查。

照明电器的防火认证由俄罗斯联邦紧急事务部的防火安全服务处认可认证机构和检测实验室向认证者提供。按照《消防安全法》《技术调节法》《防火安全认证规则》等开展活动。

照明电器的GOST认证是建立在安全测试和EMC测试基础上，因此灯具等照明设备也需要经过EMC测试（电磁兼容性测试）。GOST R证书，是在对产品进行技术评估并确认其符合俄罗斯安全标准之后颁发的。评估过程根据证书类型可包括型式测试和对技术文档的评估，或加上工厂审核、监督性抽查、分析、采样等。需要注意的是，照明电器GOST证书必须要在具备补充的卫生鉴定、防火安全认证文件的条件下才能得到。获证产品需加贴GOST R标志，表明符合相应的俄罗斯国家标准。

俄罗斯制造和进口的照明电器产品，在申请卫生证明认证时，需要提供的认证文件是不同的。俄罗斯制造需提供注册证明与税收监督的证明文件；产品的规范性和/或技术性文件（技术设备、化学成分说明等）；产品的使用说明书；工艺流程与生产流程的文件描述；生产环境的调查活动说明等文件。进口产品需提供申请人法人代表的证明文件；制造商的安全认证证书（不同的化学成分）；产品的技术描述、其他的标准与技术文件（包含成分信息与使用情况）；有效地址等文件。对于具体产品还需具体分析，证明文件需提交俄文翻译件。

同样的俄罗斯制造和进口的照明电器产品在申请防火证明认证时，需要提供的认证文件也是不同的。俄罗斯制造需提供注册证明与税收监督的证明文件；产品的证明文件（目录、包装）；产品的技术描述、其他的标准与技术文件；工艺流程说明等其他文件。进口产品需提供法人申请人证明文件；供应商的合同付款证明或合同证明产品的技术描述（性质）；防火参数的试验报告为必要的试验提供产品实物；产品的证明文件（目录、包装等其他文件）。防火安全认证的费用起步价为1500美元，由具体产品与试验要求决定。防火安全交付批证书只针对出口商品的某一批次产品有效，适用于向俄罗斯偶尔出口时使用，需要通过合同或发票证明俄罗斯的客户或进口商的身份。防火安全成批证书根据产品特性的不同，其有效期为12个月至3年。

俄罗斯、白俄罗斯与哈萨克斯坦组成的海关联盟（CU）共同遵循的第768号《低电压设备安全技术法规》自2013年2月15日起强制执行。该技术法规涉及的产品范围非常广泛，涵盖电压在AC 50 V—1000 V以及DC 75 V—1500 V的电气产品，包括家用电器、音视频产品、信息技术设备、照明设备等。

4

金砖国家照明电器准入趋势

4.1 中国照明电器准入趋势

4.1.1 相关的WTO/TBT通报

截至2020年底，我国发布的与照明产品相关的WTO/TBT通报共15项（见表4-1），通报涉及的内容主要是关于照明能效及安全要求方面的标准，包括GB 19415—2003《单端荧光灯能效限定值及节能评价值》、GB 20054—2006《金属卤化物灯能效限定值及能效等级》、GB 20053—2006《金属卤化物灯用镇流器能效限定值及能效等级》、GB 21554—2008《普通照明用自镇流无极荧光灯 安全要求》、GB 15766.1—2008《道路机动车辆灯泡 尺寸、光电性能要求》、GB 2797—2008《灯头总技术条件》、GB 1444—2008《防爆灯具专用螺口式灯座》等国家标准。

表4-1　中国近年照明产品相关的WTO/TBT通报

序号	通报号	通报标题	通报日期
1	G/TBT/N/GHN/23	中华人民共和国国家标准《单端荧光灯能效限定值及节能评价值》	2003-07-03
2	G/TBT/N/GHN/120	中华人民共和国国家标准《金属卤化物灯能效限定值及能效等级》	2005-08-18
3	G/TBT/N/GHN/121	中华人民共和国国家标准《金属卤化物灯用镇流器能效限定值及能效等级》	2005-08-18
4	G/TBT/N/GHN/306	中华人民共和国国家标准《普通照明用自镇流无极荧光灯 安全要求》	2007-11-14
5	G/TBT/N/GHN/307	中华人民共和国国家标准《道路机动车辆灯泡 尺寸、光电性能要求》	2007-11-14
6	G/TBT/N/GHN/425	中华人民共和国国家标准《灯头总技术条件》	2008-07-15
7	G/TBT/N/GHN/433	中华人民共和国国家标准《防爆灯具专用螺口式灯座》	2008-08-28
8	G/TBT/N/GHN/588	中华人民共和国国家标准《太阳能光伏照明装置总技术规范》	2009-03-27
9	G/TBT/N/GHN/590	中华人民共和国国家标准《霓虹灯管的一般要求和安全要求》	2009-03-27
10	G/TBT/N/GHN/593	中华人民共和国国家标准《洁净室用灯具技术要求》	2009-03-30
11	G/TBT/N/GHN/691	中华人民共和国国家标准《普通照明用50 V以上自镇流灯 安全要求》	2009-10-06
12	G/TBT/N/GHN/692	中华人民共和国国家标准《紫外线杀菌灯》	2009-10-06

序号	通报号	通报标题	通报日期
13	G/TBT/N/GHN/835	中华人民共和国国家标准《管形荧光灯镇流器能效限定值及能效等级》	2011-10-10
14	G/TBT/N/GHN/1135	中华人民共和国国家标准《金属卤素灯镇流器能效和能效等级最低许可值》	2015-09-02
15	G/TBT/N/GHN/1136	中华人民共和国国家标准《金属卤素灯能效和能效等级最低许可值》	2015-09-02

从近几年的WTO/TBT通报可以看出，我国更多关注的是照明产品的能源效率方面，致力于节能减排，从而达到绿色环保的目的。针对目前市场上比较普遍的照明产品制定了相应的能效限定标准，以此淘汰低能效产品，推广普及高能效产品的应用。

4.1.2　中国照明产品标准的总体趋势

（1）制订淘汰白炽灯计划（2012—2016）

2011年，国家发展改革委联合商务部、海关总署、工商总局、质检总局制定了《中国逐步淘汰白炽灯路线图》，决定从2012年10月1日起逐步禁止进口（含从海关特殊监管区域和保税监管场所进口）和销售普通照明白炽灯。按照《路线图》要求，从2011年11月1日起，按功率大小分阶段逐步禁止进口和销售普通照明白炽灯。

第一阶段：2011年11月1日至2012年9月30日为过渡期，有关进口商、销售商应当按照本公告要求，做好淘汰前准备工作；

第二阶段：2012年10月1日起，禁止进口和销售100 W及以上普通照明白炽灯；

第三阶段：2014年10月1日起，禁止进口和销售60 W及以上普通照明白炽灯；

第四阶段：2015年10月1日至2016年9月30日为中期评估期，对前期政策进行评估，调整后续政策；

第五阶段：2016年10月1日起，禁止进口和销售15 W及以上普通照明白炽灯，或视中期评估结果进行调整。

（2）对标IEC存在时滞性

我国的灯具安全标准是GB 7000 标准系列：第1部分GB 7000.1规定了所有灯

具都应符合的一般安全要求与试验；第2部分标准GB 7000.2—GB 7000.××规定了具体类别灯具的特殊要求。上述所有标准均不能单独使用，第2部分的每一个标准必须和第1部分标准一起使用，等同采用IEC 60598系列，全部为强制性，GB 7000.204（原GB 7000.11）为可移动式灯具，该标准等同采用IEC 60598-2-4为包括灯串、手提灯的可移动式灯具。

从我国照明产品安全标准的发展可以看出，我国越来越重视安全标准的实用性与实时性，标准制修订过程中在立足我国国情的基础上，充分参考国际电工委的IEC系列国际标准，主要技术指标与国际相一致，提高了市场准入门槛。在修订照明产品通用安全标准的同时，为特定类别照明产品的安全性要求与检测制定相关的标准，不断丰富了我国照明产品安全的标准体系。同时，各类照明产品尤其是LED照明产品的环保与能效标准正在陆续地制定中，以此来使我国的照明产品更绿色高效。

GB 7000.1—2015《灯具 第1部分：一般要求与试验》的前身是GB 7000.1—2007、GB 7000.1—2002和GB 7000.1—1996，更早的版本是GB 7000—1986《灯具通用安全要求与试验》。可以看出近30年间，我国照明产品安全的通用要求标准只修订了4次，但GB 7000系列标准中的各类特定型式的灯具标准则修订得较多，并且随着新型灯具种类的增加而在不断地增加中。

GB 7000—1986非等效采用了国际电工委制定的标准IEC 60598-1：1984，标准的内容是关于照明产品的通用安全要求。此外，在20世纪90年代国家标准委还对各特定类别照明产品安全标准依据IEC 60598系列标准的架构进行了梳理，其中包括：制定了一些轻工行业标准中提到的特定类型灯具产品标准，并将相对应的轻工行业标准废止，例如制定了GB 7000.9—1998《灯串安全要求》标准（等同采用IEC 60598-2-20：1996标准）代替了QB 1416—1991《灯串》标准。通过这次梳理，我国照明产品的安全系列标准得到了完善。在2008年国家标准委又对照明产品的系列标准进行了大范围的修订和增加，大部分是2010年开始实施，沿用至今。

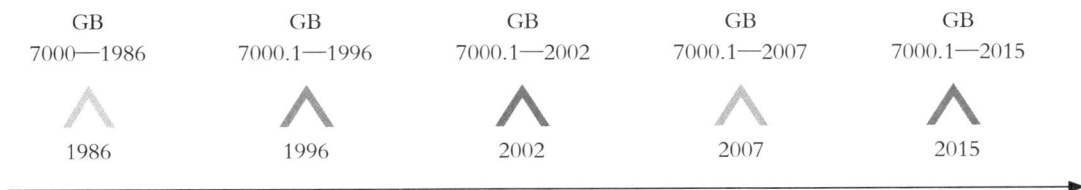

GB 7000—1986	GB 7000.1—1996	GB 7000.1—2002	GB 7000.1—2007	GB 7000.1—2015
∧	∧	∧	∧	∧
1986	1996	2002	2007	2015

图4-1 GB 7000.1《灯具 第1部分：一般要求与试验》修订情况

纵观GB 7000系列标准的历次修订增补（图4-1），其主要的测试方法未发生大的变化，只是在特殊类别产品的标准中进行一些测试增补，以保证产品的安全性。目前国家标准委员会更多地把制标放在了能源效率和环境保护两个方面，致力于我国照明产品的节能环保，这也是国际上照明产品的发展趋势。因此，相较于GB 7000.1—2007版，GB 7000.1—2015版主要变动体现在以下几个方面。

A.安全性方面。GB 7000.1—2015版针对目前的灯具越来越多地使用安全特低电压（SELV）的发展趋势，降低了SELV电线路径的要求，但强调了不允许通过内装式控制装置接地，保证照明产品的电气安全性。在机械安全和热安全方面，没有测试方法的变化。

B.合理性方面。GB 7000系列标准技术要求上，等同采用IEC 60598系列标准，而IEC 60598系列标准在几十年的发展过程中，吸收了大量的基础研究成果，并对技术要求反复进行了验证和调整，同时也在不断地跟进新技术新产品的相关信息，使得GB 7000系列在安全要求的设置、技术参数的设定和测试方法上更具合理性。

C.全面性方面。GB 7000.1—2015与2007版相比，增加了光生物危害方面的检测要求，即增加了"视网膜蓝光危害的评估要求"这个条款。这个主要是针对现在被广泛推广使用的以LED为光源的灯具类型，主要是根据IEC/TR 62778进行评估，并且在将来修订GB 7000.4覆盖的儿童用可移式灯具，以及GB 7000.212覆盖的电源插座夜灯时，都将会增加这个光生物危害的评估。同时，对照明产品的控制系统绝缘也提出了安全要求。这样GB 7000.1—2015就涵盖了电气、机械、热和光生物危害等4个方面，可以更全面地考量产品安全性。

D.时效性方面。采用国际电工委员会标准存在较大时滞性。以GB 7000.1和GB 7000.204为例，GB 7000.1与IEC 60598-1版本更替情况如表2-7、表4-2所示，GB 7000.204与IEC 60598-2-4版本更替情况如表4-2所示。

表4-2　GB/IEC标准更替（《灯具 第2—4部分：特殊要求 可移式通用灯具》）

年份	IEC 版本号	GB 版本号
1979	IEC 60598-2-4：1979	
1997	IEC 60598-2-4：1997	
1999		GB 7000.11—1999
2008		GB 7000.204—2008
2017	IEC 60598-2-4：2017	

注：箭头表示等同采用。

由前文表2-7可知，截至2020年底，IEC 60598-1先后有9个版本，我国GB 7000.1《灯具 第1部分：一般要求和试验》等同采用IEC 60598-1标准，但是起步要晚于IEC标准7年，先后有5个版本，说明我国在采用国际标准时，起步晚、更新速度较慢，但最近一次更新速度较快。

由表4-2可知，截至2018年底IEC 60598-2-4先后有3个版本，我国GB 7000.204《灯具 第2—4部分：特殊要求 可移式通用灯具》等同采用IEC 60598-2-4标准，但是起步要晚于IEC标准20年，先后有2个版本，标准更新较滞后，如我国现行的标准采用的是IEC标准1997年版本（第2版）。

4.2　南非照明电器准入趋势

4.2.1　相关的WTO/TBT通报

截至2020年底，南非发布的与照明相关的WTO/TBT通报共有14项（见表4-3），通报涉及的内容主要是关于照明产品的能效、性能、安全要求、标签等方面的强制性规范，包括《白炽灯强制性规范》《电灯控制装置强制性规范》《单端荧光灯强制性规范》《灯控制器强制性规范》《单端荧光灯强制规范》《电气和电子设备强制规范》等强制性规范。

表4-3　南非近年照明产品相关的WTO/TBT通报

序号	通报号	通报标题	通报日期
1	G/TBT/N/ZAF/46	白炽灯强制性规范（VC 8043）修正案	2005-04-21
2	G/TBT/N/ZAF/81	电灯控制装置强制性规范提案	2008-06-11
3	G/TBT/N/ZAF/95	采用单端荧光灯强制性规范的提案	2009-01-27
4	G/TBT/N/ZAF/101	灯控制器强制性规范的修正通告	2009-08-18
5	G/TBT/N/ZAF/104	单端荧光灯强制规范提案	2009-08-18
6	G/TBT/N/ZAF/110	荧光灯启动器强制规范修订提案（VC 8039）	2009-11-25
7	G/TBT/N/ZAF/164	（南非LDA认证）白炽灯的强制性规范（VC 8043）	2013-06-07
8	G/TBT/N/ZAF/167	单端荧光灯强制规范（VC 9091）	2013-07-04
9	G/TBT/N/ZAF/171	电气和电子设备强制规范（VC 8055）	2013-12-11
10	G/TBT/N/ZAF/164/Add.1	补遗（VC 8043）	2014-02-13

续 表

序号	通报号	通报标题	通报日期
11	G/TBT/N/ZAF/167/Add.1	补遗（VC 9091）	2014−05−27
12	G/TBT/N/ZAF/183	电器照明强制规范（VC9012）	2014−11−04
13	G/TBT/N/ZAF/171/Add.1	补遗（VC 8055）	2014−04−11
14	G/TBT/N/ZAF/207	灯座强制规范（VC 8011）	2016−09−14

4.2.2　南非照明产品标准法规的总体趋势

（1）制订淘汰白炽灯计划（2011—2016）

2011年，南非德班举办"联合国气候变化框架公约缔约方第17次气候变化"会议期间，南非能源部部长宣布5年后禁止白炽灯类产品的生产与销售，从而使南非成为非洲第一个淘汰白炽灯这一低效照明产品的国家。

（2）与IEC标准高度一致

南非的照明产品标准沿用的是IEC标准，因语言优势，直接引用IEC标准，引用版本大部分跟IEC最新版本保持一致。

4.3　巴西照明电器准入趋势

4.3.1　相关的WTO/TBT通报

截至2020年底，巴西发布的与照明相关的WTO/TBT通报共有25项（见表4-4），通报涉及的内容主要是关于照明产品能效、合格评定程序等方面的法规，包括《荧光灯管交流电子起辉器的合格评定程序的技术法规》《关于热阴极放电灯最低能效标准的部颁法案草案》《高压钠蒸汽灯泡的合格评定程序》《具有集成底座装置的LED灯合格评定程序》及相关法案。

表4-4 巴西近年与照明产品相关的WTO/TBT通报

序号	通报号	通报标题	通报日期
1	G/TBT/N/BRA/37	INMETRO 颁布的 2002 年 1 月 20 日 "关于荧光灯管起辉器的合格评定程序" 的第 20 号部长法案	2002–08–13
2	G/TBT/N/BRA/38	荧光灯管交流电子起辉器的合格评定程序的技术法规	2002–08–13
3	G/TBT/N/BRA/90	INMETRO 颁布的 2001 年 6 月 13 日第 82 号技术法规 "关于电气开关的合格评定程序"	2003–01–30
4	G/TBT/N/BRA/174	关于热阴极放电灯最低能效标准的部颁法案草案	2005–05–25
5	G/TBT/N/BRA/174/Add.1	补遗	2006–07–25
6	G/TBT/N/BRA/372	2010 年 3 月 11 日第 91 号部际条例草案 – 高压钠蒸汽灯电磁式反应装置	2010–05–17
7	G/TBT/N/BRA/374	INMETRO 颁布的 2010 年 5 月 18 日法案 No.175（高压钠蒸汽灯泡的合格评定程序）	2010–06–17
8	G/TBT/N/BRA/376	2010 年 5 月 27 日法案 No.191（带有集成反应器的紧凑型荧光灯合格评定程序）	2010–06–23
9	G/TBT/N/BRA/374/Add.1	补遗	2011–01–10
10	G/TBT/N/BRA/376/Add.1	补遗	2011–01–10
11	G/TBT/N/BRA/374/Add.2	补遗	2011–04–08
12	G/TBT/N/BRA/376/Add.2	补遗	2013–10–02
13	G/TBT/N/BRA/562	2013 年 9 月 24 日的条例草案卷 No.478（用于路灯的放电灯和 LED 灯固定装置安全和能效要求）	2013–10–08
14	G/TBT/N/BRA/374/Add.3	补遗	2013–10–08
15	G/TBT/N/BRA/609	2014 年 10 月 3 日 INMETRO 法令 No.448（具有集成底座装置的 LED 灯合格评定程序）	2014–10–08
16	G/TBT/N/BRA/609/Add.1	补遗	2015–03–23
17	G/TBT/N/BRA/609/Add.2	补遗	2016–01–04
18	G/TBT/N/BRA/609/Add.3	补遗	2016–03–01
19	G/TBT/N/BRA/609/Add.4	补遗	2016–05–19

序号	通报号	通报标题	通报日期
20	G/TBT/N/BRA/562/Add.1	补遗	2017-02-20
21	G/TBT/N/BRA/709	2017 年 4 月 10 日 INMETRO 法令 No.86（具有集成底座装置的 LED 灯合格评定程序）	2017-04-12
22	G/TBT/N/BRA/609/Add.5	补遗	2018-04-09
23	G/TBT/N/BRA/562/Add.2	补遗	2018-08-31
24	G/TBT/N/BRA/562/Add.3	补遗	2019-05-27
25	G/TBT/N/BRA/562/Add.4	补遗	2019-06-28

4.3.2　巴西照明产品标准法规的总体趋势

（1）制订淘汰白炽灯计划（2011—2016）

为推广高效照明产品，巴西国家电力局、巴西标准管理局和生产厂商联合实施了一系列灯泡更新计划，如从财政预算中拨出一部分款额，以补贴的方式来降低节能灯以及LED产品的售价，大力推广LED灯泡。同时，分阶段推进白炽灯淘汰计划，巴西矿业和能源部于2010年12月制订白炽灯的淘汰计划时间表，根据装置的功率逐步淘汰。第一批淘汰计划于2012年6月30日开始，对象为功率≥150 W的灯泡。第二批淘汰计划于2013年6月30日进行，包括60 W—100 W以上的灯泡。第三批淘汰计划于2014年12月进行，淘汰对象包括40 W—60 W的灯泡。最后一批淘汰计划为2016年6月30日结束，功率＜40 W的设备也将被淘汰，此后巴西市场上不再销售白炽灯。从规定的截止日期开始，制造商、批发商和零售商将由所在各州的授权机构进行检查。不遵守法律的企业、进口商和制造商，将受到法律规定的罚款。

（2）侧重合格评定程序的调整，标准主要引用IEC标准

由于巴西通过强制性法规引用相关标准的模式对照明产品进行准入监管，法规引用的标准均为现行标准。因此，照明相关的指标变化在通报上未能体现，通报主要涉及合格评定程序，从法规更新内容看，更多是侧重于法规执行日期的调

整（如延期执行）和检测认证相关的程序变化及材料要求变化等。如高压钠蒸汽灯泡的合格评定程序，涉及产品标签、安全、能效等要求，自2010年法案颁布以来，接下来的3次补遗主要调整了合格评定的测试程序和相关要求（如样本采集要求），未涉及具体指标调整。主要变化趋势参考IEC相关标准变化趋势，但标准体系不够完善。

4.4　印度照明电器准入趋势

4.4.1　相关的WTO/TBT通报

截至2020年底，印度发布的与照明相关的WTO/TBT通报共有1项（见表4-5），通报涉及的内容主要是关于照明产品标签方面的法规。

表4-5　印度近年照明产品相关的WTO/TBT通报

序号	通报号	通报标题	通报日期
1	G/TBT/N/IND/37	能源效率局法规2008（管形荧光灯标签显示的详细内容和方式）	2008-12-16

4.4.2　印度照明产品标准法规的总体趋势

（1）淘汰白炽灯计划和倡导LED灯计划

印度绿色和平组织于 2006 年发起了禁止灯泡运动，呼吁到 2012 年逐步淘汰低效灯泡。3年的创意运动导致政府宣布了"Bachat Lamp Yojana"计划，以促进印度的节能照明方案。印度没有强制性要求在家庭层面使用节能 CFL。2015年1月印度政府推出了UJALA计划，计划在2019年底前用LED替换7.7亿个白炽灯泡。目前，泰米尔纳德邦、喀拉拉邦和卡纳塔克邦等地所有政府部门、公共部门项目、各种委员会、合作社、地方机构，以及所有依靠政府援助运行的机构，都完全禁止使用白炽灯泡。

（2）标准主要采用IEC标准，标准体系较完善

印度的照明产品标准大部分是直接引用IEC标准，标准体系与IEC标准相似。

4.5 俄罗斯照明电器准入趋势

4.5.1 相关的WTO/TBT通报

截至2020年底，俄罗斯发布的与照明相关的WTO/TBT通报共有1项（见表4-6），通报涉及的内容主要是关于照明产品电能消耗装置能源效率消费者信息方面的法规。

表4-6 俄罗斯近年与照明产品相关的WTO/TBT通报

序号	通报号	通报标题	通报日期
1	G/TBT/N/RUS/7	关于电能消耗装置能源效率消费者信息的关税联盟技术法规草案	2013-02-28

4.5.2 俄罗斯照明产品标准法规的总体趋势

（1）淘汰白炽灯计划（2011—2014）

俄罗斯在2009年制定了《至2030年能源战略纲要》，规定2011年1月1日开始禁止出售100 W及以上的白炽灯，2013年开始禁售75 W及以上的白炽灯，2014年开始25 W以上的白炽灯也全面禁售，此后俄罗斯市场全面禁止生产和销售所有类型的白炽灯泡。俄罗斯是金砖国家中最先淘汰白炽灯的国家。

（2）主要采用IEC标准，无特殊要求

在法规部分，俄罗斯照明产品主要跟随国际标准IEC以及国家标准GOST R的规范，主要还是以国际规范所衍生出来的条例作为法规原则，并无对产品的特殊要求。

金砖国家照明电器准入比对
及贸易便利化建议

.

5.1 金砖国家照明电器市场准入要求比对

5.1.1 监管机制层面

金砖各国在标准、认证监管层面均有较完善的监管体系，照明电器领域均有相应的技术委员会和行业协会作为技术支撑。具体来看，中国与其他金砖国家有明显的差异（见表5-1）：中国的照明电器标准和认证部级主管部门为中国市场监督管理总局，而具体的标准业务主管部门和认证业务主管部门则是该局内设的4个业务部门，其中，标准业务对应的是标准技术管理司和标准创新管理司，认证业务对应的是认证监督管理司和认可与检验检测监督管理司，监管体系较清晰，更有利于政策的制定和执行。

其他金砖国家的部级主管部门和具体的业务主管部门，分别有对应的机构，业务主管部门与部级主管部门存在隶属关系，但非内设部门，且部级主管部门主要为该国经贸、工业等部门。其中，俄罗斯的部级主管部门、标准业务主管部门和认证业务主管部门都分别为不同的3个机构，各机构分工明确。巴西相关机构相互关联，层次、职责划分不够清晰，与之对应的照明电器领域标准化体系不够完善。印度和南非相关机构设置较相近，部级主管部门分别是印度商业与工业部，南非贸易、工业和竞争部，具体业务主管部门为标准局和国家强制性规范监管机构，职责分明。

表5-1　金砖国家标准、认证相关组织对应情况

国家\\类别	中国	巴西	俄罗斯	印度	南非
部级主管部门	中国市场监督管理总局	巴西经济部	俄罗斯联邦工业和贸易部	印度商业与工业部	南非贸易、工业和竞争部
标准业务主管部门	中国市场监督管理总局（标准技术管理司、标准创新管理司）	国家计量、标准化和工业质量理事会（执行秘书处：国家计量质量和技术研究所）	俄罗斯联邦技术调节与计量署	印度标准局	南非标准局
认证业务主管部门	中国市场监督管理总局（认证监督管理司、认可与检验检测监督管理司）	国家计量、标准化和工业质量理事会（执行秘书处：国家计量质量和技术研究所）	俄罗斯联邦认可局	印度标准局	南非标准局、南非国家强制性规范监管机构

5.1.2 标准法规层面

（1）在标准制定方面，中国和金砖国家的照明电器标准均由专业技术委员会制定，其中，除巴西外，其余国家的"照明电器"领域均单独设立了专业技术委员会，与其他专业领域区分开来，相关技术委员会发展较为成熟。在法规制定层面，除巴西的照明电器法规和标准均为同一机构（INMETRO）制定并颁布外，其余国家的法规制定主要是由政府部门负责。如南非由各政府部门制定相应的技术法规，最终均统一由SABS向WTO通报；印度的技术法规由政府制定；俄罗斯的法规由海关联盟委员会制定和颁布。

（2）在标准法规形式方面，中国主要是以标准的形式对照明电器产品准入进行规范，当中又分为强制性标准和推荐性标准，并且是否是强制性标准可以从标准号中体现，如GB开头的为强制性国家标准，CB/T开头的为推荐性国家标准，QB/T等开头的为推荐性行业标准。俄罗斯与中国类似，存在强制性标准和推荐性（自愿性）标准，但俄罗斯标准是否为强制性标准在标准名称或是标准号上无法体现，具体要看标准文本内容中的介绍，同时俄罗斯又涉及法规引用标准的情况，标准法规体系较复杂。南非、印度、巴西的国家标准主要是推荐性（自愿性）标准，对于一些强制性要求，主要是通过法规引用推荐性标准的形式进行规范，由于自愿性标准的制修订并不需要通过WTO进行通报，这些国家的照明电器产品市场准入信息跟踪较为困难。

（3）在标准体系层面，由于各国主要引用IEC标准，在标准内容上有很大相似之处，差异主要集中在标准如何执行方面。结合国际照明电器技术发展趋势和我国主要出口金砖国家照明产品的实际，此处将重点对我国LED照明标准体系和IEC的LED照明标准体系进行对比。

当前，照明电器领域IEC标准由3个技术委员会负责制定，其分别是TC 34（灯和相关设备）、TC 76（光辐射安全和激光设备）和CISPR（国际无线电干扰特别委员会）。

TC 34 成立于1948年，其下设的SC 34A，SC 34B，SC 34C和SC 34D等4个分技术委员会SC，分别负责电灯、灯头和灯座、灯的控制装置、灯具的标准化工作。TC 34为这些分技术委员会提供协调作用，其目的是确保上述这些部件的安全性、可靠性及互换性。TC 34及其下设的SC与LED照明产品相关的标准见下表。

表5-2　TC 34制定的LED照明产品相关标准

TC/SC	标准号	标准名称
TC 34	IEC 61547：2009	日常照明器具 EMC 抗扰要求
SC 34A	IEC 60968：1999	通用照明的自镇流灯 安全要求
	IEC 62031：2008	通用照明用 LED 模块 安全要求
	IEC 62560：2011	＞50 V 的通用照明自镇流 LED 灯 安全规范
	IEC/PAS 62612：2009	通用照明自镇流 LED 灯 性能要求
SC 34B	IEC 60838-2-2：2006	杂类灯座 第 2—2 部分：LED 模块连接器的特殊要求
SC 34C	IEC 61347-1：2007	灯的控制装置 第 1 部分：通用及安全要求
	IEC 61347-2-13：2006	灯的控制装置 第 2—13 部分：LED 模块用交流或直流电子控制装置的特殊要求
	IEC 62384：2006	LED 模块用交流或直流电子控制装置 性能要求
	IEC 62384-am1：2009	修订件 1-LED 模块用交流或直流电子控制装置 性能要求
SC 34D	IEC/PAS 62722-1：2011	灯具性能 第 1 部分：一般要求
	IEC/PAS 62722-2-1：2011	灯具性能 第 2—1 部分：LED 灯具特殊要求
	IEC/PAS 62717：2011	普通照明用 LED 模块 性能要求
	IEC 60598 系列标准	灯具安全标准

　　TC 76主要负责制定激光基础技术、激光器件和材料、激光设备和发光二极管、激光应用及相关领域的国际标准。此外，TC 76还负责制定有关由国际非离子辐射防护委员会（ICNIRP）和国际照明委员会等组织确定的、对来自人造光且辐射范围在100纳米到1毫米之内的人体暴露限值的应用标准。TC 76已制定的与LED照明设备相关的标准为IEC 62471：2006《灯和灯系统的光生物安全性》。

　　CISPR负责频率范围在9kHz—400GHz的无线电通信设备的产品发射标准的制定，下设7个分委会，其中LED照明设备应符合的EMC标准CISPR 15：2009《无线电干扰特性极限值和测量方法》由F分会（家用设备工具、照明设备及类似设备的干扰）制定。

　　综上，LED照明IEC标准体系框架如图5-1所示。

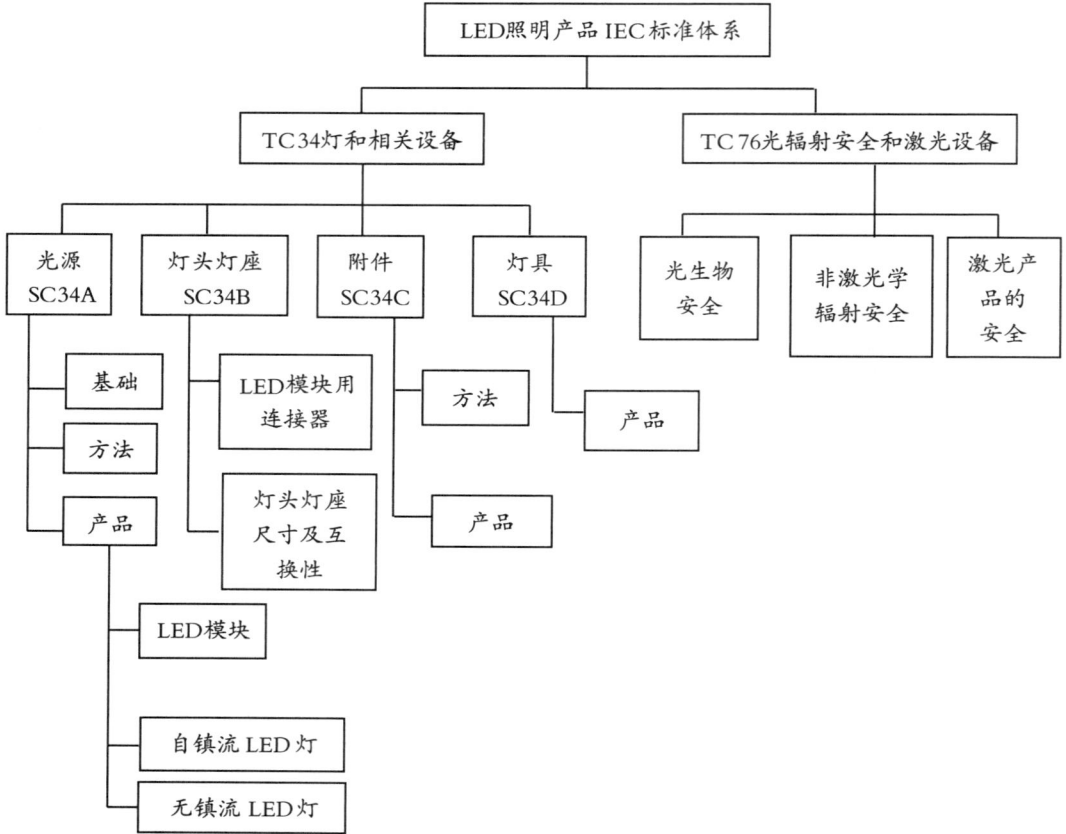

图5-1　IEC关于LED照明产品标准体系框架图

　　我国的灯具标准体系已经基本建立完成，内容涉及灯具的电气安全、灯具的光度测量、个别常用灯具的性能要求和电磁兼容要求，以及重要灯具零部件的技术要求。近年来，随着国家能源政策的出台和节能减排要求的公布，目前还在对常用灯具的能效进行研究，并制定相应的节能要求和标准。其中，LED照明产品GB标准体系见图5-2。

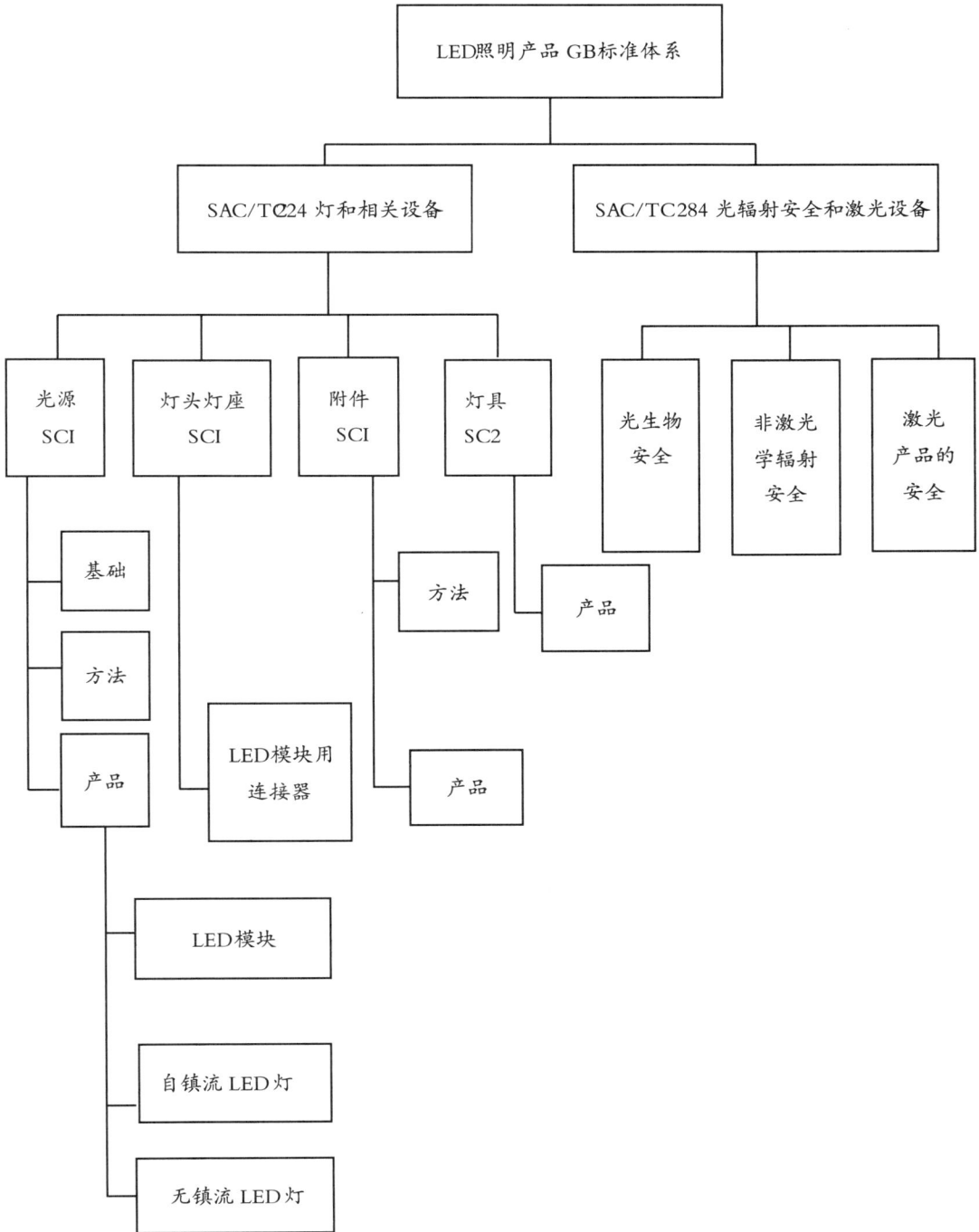

图5-2 中国关于LED照明产品标准体系框架图

对比我国和IEC的LED照明标准体系可知，我国和IEC基本保持一致。

5.1.3 认证层面

金砖各国的认证都可分为强制和自愿两种情况，且均声明遵循WTO规则，但又有各自的特色。

在认证模式方面，我国的照明电器产品强制性认证的基本认证模式为：①型式试验＋获证后监督；②设计鉴定＋部分项目型式试验＋获证后监督。巴西的照明电器产品主要有两种认证模式：①批次认证模式；②型式试验＋质量体系评定＋认证后监督（质量体系检查、企业和市场抽样检验）模式。俄罗斯照明电器产品根据具体的认证对象按批量生产的产品、成套产品、单个零部件，分别采用3种不同的认证模式。

在认证依据方面，我国和俄罗斯的认证依据主要是根据强制性标准进行认证，巴西、印度、南非等其他金砖国家的认证并不直接采用某一标准，而是采用技术法规进行。通常相关法规会对安全测试章节、能效测试章节的具体内容进行说明，通过法规引用自愿性标准的模式作为认证依据。

在认证有效期方面，我国认证证书有效期较其他金砖国家要长，有效期长对企业而言认证成本相对较低，依据我国的《电器电子产品强制性认证实施规则–照明电器》，认证证书有效期为5年，有效期内，证书有效性依赖认证机构的获证后监督获得保持。其中，南非和巴西证书的有效期为3年，在有效期间，认证机构将对每份证书进行抽样，对样品进行部分章节的测试即监督测试；印度BIS认证初次申请有效期一般为1年，到期后可申请更新证书，有效期可延长至2年；俄罗斯对于批量生产的产品的认证证书规定有效期不超过5年，成套产品、单个零部件的认证证书有效期未做具体规定。

5.2 我国照明电器标准、认证领域存在的问题及促进贸易便利化的建议

5.2.1 存在的问题

总体而言，作为照明电器的生产、制造、销售和出口大国，目前我国传统照明电器标准体系已经较为健全，并与IEC国际标准基本保持一致；照明电器认证监管

机制较为完善，为产品安全及能效管理提供了保障。与此同时，由于我国标准更新、新技术、新产品方面标准制修订方面较为滞后，阻碍了我国照明电器领域出口贸易便利化进程，主要表现在：

（1）引用国际标准时效性不强，导致生产企业对标困难。从前面章节可以看出，我国照明电器领域国家标准更新速度比IEC国际标准滞后3年左右，对标IEC的速度较南非落后，不利于企业生产和出口，也不利于我国照明电器领域技术升级。

（2）照明电器原有标准体系不能满足新产品新技术的发展需求。对于新技术OLED照明、LED照明光生物安全等新的安全趋势标准研究不足。对比国际大环境，一些国际组织以及发达国家和地区比较注重对LED辐射安全、能效以及光电、色度测试方法标准的制定，在这些方面目前是我国的短板，也是下一步完善我国照明电器领域标准化体系的重点对象。

（3）照明电器领域技术水平还有待提升。我国照明电器领域缺少自主知识产权、自主品牌的龙头企业，同时也缺少具有国际影响力的尖端人才，特别是LED产业核心技术还不够成熟，其技术并没有完全定型，而当前国际上LED技术发展变化快，亟须加大该领域的科研人员和资金的投入力度。

5.2.2　建议

如前所述，我国与金砖国家在照明电器标准、合格评定上有诸多共同之处，特别是在相应标准方面，五国均在很大程度上借鉴和采用了IEC标准；并在此基础上依据本国的基本情况做了相应调整。基于国内和金砖国家照明电器标准法规发展趋势及产业发展现状，建议如下：

（1）在金砖国家合作机制框架下，进一步强化照明电器领域合格评定合作机制的建立和完善。加强标准、法规、认证等准入监管政府机构和具体业务部门的双多边合作交流。如，在监管机构层面，根据金砖国家照明电器领域对应的监管机构情况，建议国家市场监督管理总局加强与巴西国家计量、标准化和工业质量理事会，俄罗斯联邦工业和贸易部，印度商业和工业部，南非贸易、工业和竞争部等金砖国家有关政府机构的洽商；在具体业务部门层面，建议国家认证认可司与巴西国家计量标准和工业品质局、俄罗斯联邦认可局、印度标准局、南非强制规范国家监管局等有关部门洽谈认证认可具体合作事项，建议国家标准创新管理司与巴西国家计量标准和工业等品质局、俄罗斯联邦技术调节与计量署、印度标准局、南非标准局等有关部门洽谈标准具体合作事项。增进对彼此的了解，并在此基础上，建立合作交流机制，为双多边贸易打下基础。

（2）在国际认证论坛和国际实验室认可框架下，加快推动实验室、检验机构、认证机构互认，推动产品检测结果互认。进一步深入研究金砖国家照明电器产品的具体细则，并与我国标准进行比对，寻找其中的共通性。金砖国家照明电器领域均声称认可国际认证论坛和国际实验室检测结果，其中，我国已与俄罗斯签署《中国合格评定国家认可委员会与俄罗斯联邦认可局备忘录》，互认基础良好，对于具备共通性的标准和要求率先进行互认，并通过沟通协作等方式达成相应意向。下一步将重点推动与其他金砖国家在照明领域的检测机构和检测结果的互认合作，企业在金砖国家进行合格评定时，可凭借国内认证免于进行部分实验和测试，仅对互认标准中未覆盖的部分进行试验和测试，从而提高认证效率、降低企业成本，为我国照明企业出口金砖国家制造贸易便利化条件。

（3）进一步优化我国照明电器产品标准研制程序，缩短国家标准制修订流程，使我国标准更新速度与欧美和IEC国际标准保持同步。当前金砖国家照明电器领域主要采用IEC等国际标准，从现行标准采用IEC版本情况看，我国标准采用的IEC标准版本要较南非等具有语言优势的金砖国家落后，而落后的原因主要是标准研制程序烦琐，导致采标不及时，而非产业发展技术不能跟上。因此，鉴于此，结合我国照明电器领域采标率较高的实际情况，建议有关部门研究缩短国家标准采标流程，避免因采标版本滞后导致企业出口受损。

（4）加快推进照明电器新技术标准的预研，重点推进OLED照明、智慧照明、LED灯光生物安全等标准的研发与标准体系的设计。现代照明不仅向节能环保、安全等方面发展，而且还向智能控制迈进，智能控制灯具是现代社会发展的需要，它极大地节约了能源，方便了人们的生活。智能照明是当今照明产品设计发展的主要趋势。照明电器领域相关企业的研发技术，一方面，要引导市场选择节能环保、安全性高的照明电器；另一方面，也是适应国际照明产品市场需求变化趋势，将更多高品质产品加入智能化元素，增强产品在国际照明电器中高端市场的影响力。

（5）进一步提高照明产品性能及质量要求。政府应该利用不断增长的LED市场（以及更低的LED成本）来提高照明产品的最低性能和质量要求。例如，在2018年，欧盟成员国投票决定在2021年淘汰低效的卤素灯和紧凑型荧光灯，同时为LED灯和灯具引入最低性能和质量标准。该单一法规适用于家庭、商业、工业和街道照明。2019年，《欧盟生态设计指令》对灯的能源标签进行了重新调整（从A级到G级），并扩大了其适用范围，以覆盖欧盟市场上的所有光源。由联合国环境规划署牵头的联合效率促进会，也正在更新其针对发展中国家的示范法规指南。除了更新标准外，还需要进一步努力将照明政策覆盖范围扩大到仍然不受监管的市场。逐步淘汰白炽灯、卤素灯和紧凑型荧光灯，并设定LED灯的功效和质量（例如，闪烁和寿命）要求，对于发达国家和发展中国家的常规照明应用都是至关重要的。

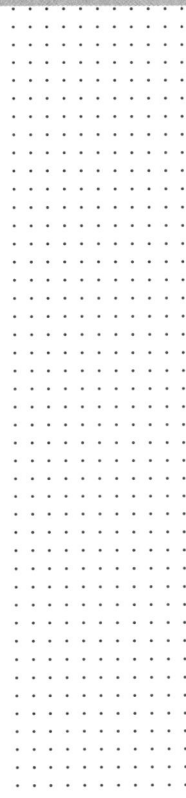

6

附　录

附录1　中国照明电器国家标准题录

序号	标准号	标准名称	实施日期
1	GB/T 14218—2018	电子调光设备性能参数与测试方法	2019-04-01
2	GB/T 21656—2016	灯的国际编码系统（ILCOS）	2016-11-01
3	GB/T 24461—2009	洁净室用灯具技术要求	2010-12-01
4	GB/T 24460—2009	太阳能光伏照明装置总技术规范	2010-12-01
5	GB/T 20145—2006	灯和灯系统的光生物安全性	2006-11-01
6	GB/T 15039—1994	发光强度、总光通量标准灯泡	1994-12-01
7	GB/T 15040—1994	普通测光标准灯泡	1994-12-01
8	GB/T 13582—1992	电子调光设备通用技术条件	1993-05-01
9	GB/T 15144—2020	管形荧光灯用交流和/或直流电子控制装置 性能要求	2021-04-01
10	GB/T 39022—2020	照明系统和相关设备 术语和定义	2021-02-01
11	GB/T 39021—2020	智能照明系统 通用要求	2021-02-01
12	GB/T 18661—2020	金属卤化物灯（钪钠系列）性能要求	2021-02-01
13	GB/T 39075—2020	普通照明用有机发光二极管（OLED）面板 安全要求	2021-02-01
14	GB/T 39008—2020	双端集成式 LED 灯 性能要求	2021-02-01
15	GB/T 39018—2020	智能照明设备 非主功能模式功率的测量	2021-02-01
16	GB/T 38439—2019	室外照明干扰光测量规范	2020-04-01
17	GB/T 37637—2019	LED 投光灯具性能要求	2020-01-01
18	GB/T 36949—2018	双端 LED 灯（替换直管形荧光灯用）性能要求	2019-07-01
19	GB/T 36979—2018	LED 产品空间颜色分布测量方法	2019-07-01
20	GB/T 35255—2017	LED 公共照明智能系统接口应用层通信协议	2018-07-01
21	GB/T 35626—2017	室外照明干扰光限制规范	2018-07-01
22	GB/T 23113—2017	荧光灯含汞量检测的样品制备	2018-05-01
23	GB/T 34846—2017	LED 道路/隧道照明专用模块规格和接口技术要求	2018-11-01
24	GB/T 24333—2017	金属卤化物灯（钠铊铟系列）性能要求	2018-05-01
25	GB/T 34923.2—2017	路灯控制管理系统 第2部分：主站技术规范	2018-05-01
26	GB/T 34841—2017	无极荧光灯 性能要求	2018-05-01

序号	标准号	标准名称	实施日期
27	GB/T 24458—2017	陶瓷金属卤化物灯 性能要求	2018-05-01
28	GB/T 34923.4—2017	路灯控制管理系统 第 4 部分：路灯控制器技术规范	2018-05-01
29	GB/T 34923.5—2017	路灯控制管理系统 第 5 部分：安全防护技术规范	2018-05-01
30	GB/T 34923.3—2017	路灯控制管理系统 第 3 部分：路灯控制管理终端技术规范	2018-05-01
31	GB/T 34923.6—2017	路灯控制管理系统 第 6 部分：通信协议技术规范	2018-05-01
32	GB/T 34923.1—2017	路灯控制管理系统 第 1 部分：总则	2018-05-01
33	GB/T 24823—2017	普通照明用 LED 模块 性能要求	2018-05-01
34	GB/T 30104.103—2017	数字可寻址照明接口 第 103 部分：一般要求 控制设备	2018-11-01
35	GB/Z 34447—2017	照明设备的锐边试验装置和试验程序 锐边试验	2018-05-01
36	GB/T 34452—2017	可移式通用 LED 灯具性能要求	2018-05-01
37	GB/T 34446—2017	固定式通用 LED 灯具性能要求	2018-05-01
38	GB/T 9473—2017	读写作业台灯性能要求	2018-04-01
39	GB/T 33720—2017	LED 照明产品光通量衰减加速试验方法	2017-12-01
40	GB/T 33721—2017	LED 灯具可靠性试验方法	2017-12-01
41	GB/T 14094—2016	卤钨灯（非机动车辆用）性能要求	2016-11-01
42	GB/T 19655—2016	灯用附件 启动装置（辉光启动器除外）性能要求	2016-11-01
43	GB/T 32483.1—2016	灯控制装置的效率要求 第 1 部分：荧光灯控制装置 控制装置线路总输入功率和控制装置效率的测量方法	2016-11-01
44	GB/T 7249—2016	白炽灯的最大外形尺寸	2016-11-01
45	GB/T 15766.2—2016	道路机动车辆灯泡 性能要求	2016-11-01
46	GB/T 20144—2016	带灯罩环的灯座用筒形螺纹	2016-11-01
47	GB/T 24826—2016	普通照明用 LED 产品和相关设备 术语和定义	2017-05-01
48	GB/T 32481—2016	隧道照明用 LED 灯具性能要求	2016-09-01
49	GB/T 32483.3—2016	灯控制装置的效率要求 第 3 部分：卤钨灯和 LED 模块控制装置效率的测量方法	2016-09-01
50	GB/T 31897.201—2016	灯具性能 第 2—1 部分：LED 灯具特殊要求	2016-09-01
51	GB/T 32482.1—2016	LED 分选 第 1 部分：一般要求和白光栅格	2016-09-01
52	GB 7000.1—2015	灯具 第 1 部分：一般要求与试验	2017-01-01
53	GB/T 24827—2015	道路与街路照明灯具性能要求	2016-04-01
54	GB/T 31897.1—2015	灯具性能 第 1 部分：一般要求	2016-04-01

序号	标准号	标准名称	实施日期
55	GB 7000.214—2015	灯具 第2—14部分：特殊要求 使用冷阴极管形放电灯（霓虹灯）和类似设备的灯具	2016-01-01
56	GB/T 7256—2015	民用机场灯具一般要求	2016-01-01
57	GB/T 31728—2015	带充电装置的可移式灯具	2016-01-01
58	GB/T 18595—2014	一般照明用设备电磁兼容抗扰度要求	2015-06-01
59	GB/T 31111—2014	反射型自镇流LED灯规格分类	2015-08-01
60	GB/T 31112—2014	普通照明用非定向自镇流LED灯规格分类	2015-08-01
61	GB/T 24908—2014	普通照明用非定向自镇流LED灯 性能要求	2015-08-01
62	GB/T 18802.12—2014	低压电涌保护器（SPD） 第12部分：低压配电系统的电涌保护器 选择和使用导则	2015-01-22
63	GB 7000.203—2013	灯具 第2—3部分：特殊要求 道路与街路照明灯具	2015-07-01
64	GB/T 19658—2013	反射灯中心光强和光束角的测量方法	2014-12-1
65	GB/T 21096—2013	保健用荧光紫外灯 测量和规范方法	2014-12-1
66	GB/T 30413—2013	嵌入式LED灯具性能要求	2014-12-1
67	GB/Z 30418—2013	灯具IK代码的应用	2014-12-1
68	GB/T 20550—2013	荧光灯用辉光启动器	2015-07-01
69	GB 30422—2013	无极荧光灯 安全要求	2015-07-01
70	GB 19510.210—2013	灯的控制装置 第2—10部分：高频冷启动管形放电灯（霓虹灯）用电子换流器和变频器的特殊要求	2015-07-01
71	GB/T 30104.102—2013	数字可寻址照明接口 第102部分：一般要求 控制装置	2014-11-01
72	GB/T 30104.207—2013	数字可寻址照明接口 第207部分：控制装置的特殊要求 LED模块（设备类型6）	2014-11-01
73	GB/T 30104.101—2013	数字可寻址照明接口 第101部分：一般要求 系统	2014-11-01
74	GB/T 30104.208—2013	数字可寻址照明接口 第208部分：控制装置的特殊要求 开关功能（设备类型7）	2014-11-01
75	GB/T 17263—2013	普通照明用自镇流荧光灯 性能要求	2014-11-01
76	GB/T 30104.201—2013	数字可寻址照明接口 第201部分：控制装置的特殊要求 荧光灯（设备类型0）	2014-11-01
77	GB/T 30104.202—2013	数字可寻址照明接口 第202部分：控制装置的特殊要求 自容式应急照明（设备类型1）	2014-11-01
78	GB/T 30104.203—2013	数字可寻址照明接口 第203部分：控制装置的特殊要求 放电灯（荧光灯除外）（设备类型2）	2014-11-01

序号	标准号	标准名称	实施日期
79	GB/T 30104.204—2013	数字可寻址照明接口 第 204 部分：控制装置的特殊要求 低压卤钨灯（设备类型 3）	2014–11–01
80	GB/T 21092—2013	杂类灯	2014–12–01
81	GB/T 30104.209—2013	数字可寻址照明接口 第 209 部分：控制装置的特殊要求 颜色控制（设备类型 8）	2014–11–01
82	GB/T 30104.206—2013	数字可寻址照明接口 第 206 部分：控制装置的特殊要求 数字信号转换成直流电压（设备类型 5）	2014–11–01
83	GB/T 30104.205—2013	数字可寻址照明接口 第 205 部分：控制装置的特殊要求 白炽灯电源电压控制器（设备类型 4）	2014–11–01
84	GB/T 29293—2012	LED 筒灯性能测量方法	2013–09–01
85	GB/T 29294—2012	LED 筒灯性能要求	2013–09–01
86	GB/T 29295—2012	反射型自镇流 LED 灯性能测试方法	2013–09–01
87	GB/T 29296—2012	反射型自镇流 LED 灯 性能要求	2013–09–01
88	GB/T 28795—2012	冷阴极紫外线杀菌灯	2013–03–01
89	GB/T 19258—2012	紫外线杀菌灯	2013–09–01
90	GB/T 28012—2011	报废照明产品 回收处理规范	2012–02–01
91	GB/T 26849—2011	太阳能光伏照明用电子控制装置 性能要求	2011–12–15
92	GB/T 26697—2011	金卤灯用低频方波电子镇流器	2011–12–01
93	GB/T 17262—2011	单端荧光灯 性能要求	2011–12–01
94	GB/T 26688—2011	电池供电的应急疏散照明自动试验系统	2011–12–01
95	GB/T 25125—2010	智能照明节电装置	2011–02–01
96	GB/T 10682—2010	双端荧光灯 性能要求	2010–12–1
97	GB/T 24909—2010	装饰照明用 LED 灯	2011–02–01
98	GB/T 24907—2010	道路照明用 LED 灯 性能要求	2011–02–01
99	GB 24906—2010	普通照明用 50 V 以上自镇流 LED 灯　安全要求	2011–02–01
100	GB/T 24825—2009	LED 模块用直流或交流电子控制装置 性能要求	2010–05–01
101	GB/T 24824—2009	普通照明用 LED 模块测试方法	2010–05–01
102	GB 24819—2009	普通照明用 LED 模块 安全要求	2010–11–1
103	GB 19510.10—2009	灯的控制装置 第 10 部分：放电灯（荧光灯除外）用镇流器的特殊要求	2010–12–1
104	GB/T 24457—2009	金属卤化物灯（稀土系列）性能要求	2010–03–01
105	GB 19510.8—2009	灯的控制装置 第 8 部分：应急照明用直流电子镇流器的特殊要求	2010–12–01

序号	标准号	标准名称	实施日期
106	GB 19510.9—2009	灯的控制装置 第 9 部分：荧光灯用镇流器的特殊要求	2010–12–01
107	GB 19510.14—2009	灯的控制装置 第 14 部分：LED 模块用直流或交流电子控制装置的特殊要求	2010–12–01
108	GB 19510.1—2009	灯的控制装置 第 1 部分：一般要求和安全要求	2010–12–01
109	GB 19510.2—2009	灯的控制装置 第 2 部分：启动装置（辉光启动器除外）的特殊要求	2010–12–01
110	GB 19510.3—2009	灯的控制装置 第 3 部分：钨丝灯用直流 / 交流电子降压转换器的特殊要求	2010–12–01
111	GB 19510.4—2009	灯的控制装置 第 4 部分：荧光灯用交流电子镇流器的特殊要求	2010–12–01
112	GB/T 10681—2009	家庭和类似场合普通照明用钨丝灯 性能要求	2010–02–01
113	GB/T 23140—2009	红外线灯泡	2010–03–01
114	GB/T 1483.4—2009	灯头、灯座检验量规 第 4 部分：杂类灯头、灯座的量规	2010–02–01
115	GB/T 24392—2009	灯头温升的测量方法	2010–02–01
116	GB/T 19148.3—2009	灯座的型式和尺寸 第 3 部分：预聚焦式灯座	2010–02–01
117	GB/T 19261—2009	霓虹灯管的一般要求和安全要求	2010–07–01
118	GB/T 24332—2009	毛细管超高压汞灯	2010–02–01
119	GB 7000.202—2008	灯具 第 2—2 部分：特殊要求 嵌入式灯具	2010–02–01
120	GB/T 1444—2008	防爆灯具专用螺口式灯座	2010–02–01
121	GB 7000.208—2008	灯具 第 2—8 部分：特殊要求 手提灯	2010–02–01
122	GB 7000.204—2008	灯具 第 2—4 部分：特殊要求 可移式通用灯具	2010–02–01
123	GB 7000.218—2008	灯具 第 2—18 部分：特殊要求 游泳池和类似场所用灯具	2010–02–01
124	GB 7000.211—2008	灯具 第 2—11 部分：特殊要求 水族箱灯具	2010–02–01
125	GB 7000.219—2008	灯具 第 2—19 部分：特殊要求 通风式灯具	2010–02–01
126	GB 7000.201—2008	灯具 第 2—1 部分：特殊要求 固定式通用灯具	2010–02–01
127	GB 7000.217—2008	灯具 第 2—17 部分：特殊要求 舞台灯光、电视、电影及摄影场所（室内外）用灯具	2010–02–01
128	GB 7000.212—2008	灯具 第 2—12 部分：特殊要求 电源插座安装的夜灯	2010–02–01
129	GB/T 22706—2008	自镇流冷阴极荧光灯 性能要求	2009–07–01
130	GB 7000.213—2008	灯具 第 2—13 部分：特殊要求 地面嵌入式灯具	2010–02–01
131	GB/T 23139—2008	脉冲氙灯	2009–09–01
132	GB/T 23112—2008	紫外线金属卤化物灯	2009–09–01

序号	标准号	标准名称	实施日期
133	GB/T 23145—2008	短弧投光金属卤化物灯	2009-09-01
134	GB/T 18489—2008	管形荧光灯和其他放电灯线路用电容器 一般要求和安全要求	2010-04-01
135	GB/T 23126—2008	低压钠灯 性能要求	2009-0-01
136	GB/Z 23153—2008	照明电器产品中有害物质检测样品拆分要求	2009-09-01
137	GB/T 23110—2008	投光灯具光度测试	2009-09-01
138	GB/T 15042—2008	灯用附件 放电灯（管形荧光灯除外）用镇流器 性能要求	2009-09-01
139	GB/T 19651.201—2008	杂类灯座 第2—1部分：S14灯座的特殊要求	2010-04-01
140	GB/T 15041—2008	高压短弧氙灯	2009-09-01
141	GB/T 23141—2008	光化学、光老化长弧氙灯	2009-09-01
142	GB/T 19651.202—2008	杂类灯座 第2—2部分：LED模块用连接器的特殊要求	2010-04-01
143	GB 7000.207—2008	灯具 第2—7部分：特殊要求 庭园用可移式灯具	2010-04-01
144	GB 7000.225—2008	灯具 第2—25部分：特殊要求 医院和康复大楼诊所用灯具	2010-04-01
145	GB/T 14044—2008	管形荧光灯用镇流器 性能要求	2009-09-01
146	GB/T 23142—2008	高压钠灯用预置功率控制器	2009-09-01
147	GB/T 22907—2008	灯具的光度测试和分布光度学	2009-09-01
148	GB 14196.1—2008	白炽灯安全要求 第1部分：家庭和类似场合普通照明用钨丝灯	2010-04-01
149	GB/T 19148.4—2008	灯座的型式和尺寸 第4部分：杂类灯座	2009-09-01
150	GB/T 22935—2008	投影仪用金属卤化物灯	2009-09-01
151	GB 14196.2—2008	白炽灯安全要求 第2部分：家庭和类似场合普通照明用卤钨灯	2010-04-01
152	GB/T 19651.1—2008	杂类灯座 第1部分：一般要求和试验	2010-04-01
153	GB/T 22908—2008	废弃荧光灯回收再利用 技术规范	2009-09-01
154	GB/T 2797—2008	灯头总技术条件	2010-01-01
155	GB/T 13961—2008	灯具用电源导轨系统	2009-09-01
156	GB/T 9468—2008	灯具分布光度测量的一般要求	2009-05-01
157	GB/T 1483.5—2008	灯头、灯座检验量规 第5部分：卡口式灯头、灯座的量规	2009-05-01
158	GB/T 7002—2008	投光照明灯具光度测试	2009-05-01
159	GB 16843—2008	单端荧光灯的安全要求	2009-07-01
160	GB 14196.3—2008	白炽灯 安全要求 第3部分：卤钨灯（非机动车辆用）	2009-07-01

续 表

序号	标准号	标准名称	实施日期
161	GB 16844—2008	普通照明用自镇流灯的安全要求	2009-07-01
162	GB/T 1406.5—2008	灯头的型式和尺寸 第5部分：卡口式灯头	2008-12-01
163	GB/T 19148.2—2008	灯座的型式和尺寸 第2部分：插脚式灯座	2008-12-01
164	GB/T 1483.3—2008	灯头、灯座检验量规 第3部分：预聚焦式灯头、灯座的量规	2008-12-01
165	GB/T 19148.1—2008	灯座的型式和尺寸 第1部分：螺口式灯座	2008-12-01
166	GB/T 1406.2—2008	灯头的型式和尺寸 第2部分：插脚式灯头	2008-12-01
167	GB/T 1406.1—2008	灯头的型式和尺寸 第1部分：螺口式灯头	2008-12-01
168	GB/T 1483.2—2008	灯头、灯座检验量规 第2部分：插脚式灯头、灯座的量规	2008-12-01
169	GB/T 1483.1—2008	灯头、灯座检验量规 第1部分：螺口式灯头、灯座的量规	2008-12-01
170	GB/T 1406.4—2008	灯头的型式和尺寸 第4部分：杂类灯头	2008-12-01
171	GB/T 19148.5—2008	灯座的型式和尺寸 第5部分：卡口式灯座	2008-12-01
172	GB/T 13434—2008	放电灯（荧光灯除外）特性测量方法	2008-12-01
173	GB/T 15043—2008	白炽灯泡光电参数的测量方法	2008-12-01
174	GB/T 1406.3—2008	灯头的型式和尺寸 第3部分：预聚焦式灯头	2008-12-01
175	GB 7000.222—2008	灯具 第2—22部分：特殊要求 应急照明灯具	2009-01-01
176	GB 7000.206—2008	灯具 第2—6部分：特殊要求 带内装式钨丝灯变压器或转换器的灯具	2009-01-01
177	GB 7000.220—2008	灯具 第2—20部分：特殊要求 灯串	2009-01-01
178	GB/T 15766.1—2008	道路机动车辆灯泡 尺寸、光电性能要求	2009-03-01
179	GB 21554—2008	普通照明用自镇流无极荧光灯 安全要求	2009-03-01
180	GB/T 1312—2007	管形荧光灯灯座和启动器座	2009-01-01
181	GB/T 17935—2007	螺口灯座	2009-01-01
182	GB 7000.210—2007	灯具 第2—10部分：特殊要求 儿童用可移式灯具	2009-01-01
183	GB/T 17936—2007	卡口灯座	2009-01-01
184	GB 19510.13—2007	灯的控制装置 第13部分：放电灯（荧光灯除外）用直流或交流电子镇流器的特殊要求	2009-01-01
185	GB/T 21093—2007	高压汞灯 性能要求	2008-05-01
186	GB/T 21095—2007	飞机用钨丝灯	2008-05-01
187	GB/T 21091—2007	普通照明用自镇流无极荧光灯 性能要求	2008-05-01

序号	标准号	标准名称	实施日期
188	GB/T 15766.3—2007	小型灯	2008−05−01
189	GB/T 21098.04—2007	灯头、灯座及检验其安全性和互换性的量规 第4部分：导则及一般信息	2008−05−01
190	GB/T 20152—2006	石英卤钨灯压封部位温度的标准测量方法	2006−11−01
191	GB/T 20147—2006	CIE 标准色度观测者	2006−11−01
192	GB/T 20150—2006	红斑基准反应光谱及标准红斑剂量	2006−11−01
193	GB/T 20151—2006	光度学 CIE 物理光度系统	2006−11−01
194	GB/T 20148—2006	日光的空间分布 CIE 一般标准天空	2006−11−01
195	GB/T 20149—2006	道路交通信号灯 200 mm 圆形信号灯的光度特性	2006−11−01
196	GB/T 20146—2006	色度学用 CIE 标准照明体	2006−11−01
197	GB/T 20143—2006	灯最大外形尺寸图的制定程序	2006−11−01
198	GB 19510.7—2005	灯的控制装置 第7部分：航空器照明用直流电子镇流器的特殊要求	2005−08−01
199	GB 19510.5—2005	灯的控制装置 第5部分：普通照明用直流电子镇流器的特殊要求	2005−08−01
200	GB 19652—2005	放电灯（荧光灯除外）安全要求	2005−08−01
201	GB/T 13259—2005	高压钠灯	2005−08−01
202	GB/T 19656—2005	管形荧光灯用直流电子镇流器 性能要求	2005−08−01
203	GB/T 19657—2005	灯具加热试验用热试验源灯	2005−08−01
204	GB 19510.12—2005	灯的控制装置 第12部分：与灯具联用的杂类电子线路的特殊要求	2005−08−01
205	GB 7000.19—2005	照相和电影用灯具（非专业用）安全要求	2005−08−01
206	GB/T 19653—2005	霓虹灯安装规范	2005−08−01
207	GB 19510.6—2005	灯的控制装置 第6部分：公共交通运输工具照明用直流电子镇流器的特殊要求	2005−08−01
208	GB 7000.7—2005	投光灯具安全要求	2005−08−01
209	GB/T 19654—2005	灯用附件 钨丝灯用直流/交流电子降压转换器 性能要求	2005−08−01
210	GB 7000.17—2003	限制表面温度灯具安全要求	2004−02−01
211	GB 7000.18—2003	钨丝灯用特低电压照明系统安全要求	2004−02−01
212	GB/T 19149—2003	空载输出电压超过 1000 V 的管形放电灯用变压器（霓虹灯变压器）的一般要求和安全要求	2004−01−01
213	GB 18774—2002	双端荧光灯 安全要求	2003−04−01
214	GB/T 18504—2001	管形荧光灯和其他放电灯线路用电容器性能要求	2002−05−01

附录2　中国照明电器行业标准题录

序号	标准号	标准名称	实施日期
1	WH/T 86—2019	舞台灯光控制台通用技术条件	2019-10-01
2	WH/T 83—2019	演出场所电脑灯具通用技术要求	2019-06-01
3	JG/T 547—2018	风光互补路灯装置	2019-05-01
4	GA 883—2018	公安单警装备 强光手电	2018-09-01
5	QB/T 2516—2017	镝灯	2018-04-01
6	QB/T 5207—2017	照明产品中添加氪-85、钍-232 限值要求	2018-04-01
7	QB/T 5208—2017	白光光源显色性评价方法	2018-04-01
8	QB/T 5209—2017	装饰照明用集成式 LED 灯 性能要求	2018-04-01
9	SH/T 3192—2017	石油化工装置照明设计规范（附条文说明）	2018-01-01
10	QB/T 5093.1—2017	灯杆 第 1 部分：一般要求	2017-10-01
11	QB/T 5093.2—2017	灯杆 第 2 部分：钢质灯杆	2017-10-01
12	QB/T 5039—2017	LED 灯具性能测试方法	2017-07-01
13	SN/T 3326.9—2016	进出口照明器具检验技术要求 第 9 部分：太阳能光伏照明装置	2016-10-01
14	QB/T 2511—2016	单端金属卤化物灯（钪钠系列）用 LC 顶峰超前式镇流器 性能要求	2016-07-01
15	QB/T 4905—2016	数字放映机用氙灯	2016-07-01
16	CJJ 45—2015	城市道路照明设计标准（附条文说明）	2016-06-01
17	QB/T 4847—2015	LED 平板灯具	2016-03-01
18	MH/T 6012—2015	航空障碍灯（附 2017 年第 1 号修改单）	2016-01-01
19	CCGF 203.1—2015	单端荧光灯产品质量监督抽查实施规范	2015-06-01
20	CCGF 203.2—2015	双端荧光灯产品质量监督抽查实施规范	2015-06-01
21	CCGF 203.3—2015	普通照明用自镇流荧光灯产品质量监督抽查实施规范	2015-06-01
22	CCGF 203.4—2015	固定式通用灯具产品质量监督抽查实施规范	2015-06-01
23	CCGF 203.5—2015	嵌入式灯具产品质量监督抽查实施规范	2015-06-01
24	CCGF 203.6—2015	可移式通用灯具产品质量监督抽查实施规范	2015-06-01
25	CCGF 203.7—2015	道路照明灯具产品质量监督抽查实施规范	2015-06-01
26	CCGF 203.8—2015	荧光灯用交流电子镇流器产品质量监督抽查实施规范	2015-06-01

序号	标准号	标准名称	实施日期
27	CJJ/T 227—2014	城市照明自动控制系统技术规范（附条文说明）	2015-05-01
28	JG/T 467—2014	建筑室内用发光二极管（LED）照明灯具	2015-05-01
29	QB/T 4737—2014	爆炸性环境用隔爆型灯具	2014-11-01
30	QB/T 4738—2014	爆炸性环境用增安型灯具	2014-11-01
31	SN/T 3326.8—2014	进出口照明器具检验技术要求 第8部分：高压钠灯的能效	2014-11-01
32	CNCA C10-01—2014	强制性产品认证实施规则照明电器	2014-09-01
33	SN/T 1588.11—2013	进出口灯具检验规程 第11部分：可移式通用灯具	2014-06-01
34	SN/T 1588.2—2013	进出口灯具检验规程 第2部分：通用要求	2014-06-01
35	SN/T 1588.3—2013	进出口灯具检验规程 第3部分：游泳池及类似场所用灯具的特殊要求	2014-06-01
36	SN/T 3325.3—2013	进出口照明器具检验规程 第3部分：自镇流LED灯	2014-06-01
37	SN/T 3326.4—2013	进出口照明器具检验技术要求 第4部分：镇流器的能效	2014-06-01
38	SN/T 3326.5—2013	进出口照明器具检验技术要 第5部分：LED灯的能效	2014-06-01
39	SN/T 3326.7—2013	进出口照明器具检验技术要求 第7部分：单端荧光灯的能效	2014-06-01
40	QB/T 1112—2013	灯用玻壳的型号命名方法	2014-03-01
41	QB/T 2049.10—2013	灯用玻壳ED型玻壳尺寸系列	2014-03-01
42	QB/T 2049.11—2013	灯用玻壳C型、E型、F型和PAR型玻壳尺寸系列	2014-03-01
43	QB/T 2049.1—2013	灯用玻壳A型玻壳尺寸系列	2014-03-01
44	QB/T 2049.2—2013	灯用玻壳B型玻壳尺寸系列	2014-03-01
45	QB/T 2049.3—2013	灯用玻壳BT型玻壳尺寸系列	2014-03-01
46	QB/T 2049.4—2013	灯用玻壳G型玻壳尺寸系列	2014-03-01
47	QB/T 2049.5—2013	灯用玻壳K型玻壳尺寸系列	2014-03-01
48	QB/T 2049.6—2013	灯用玻壳M型玻壳尺寸系列	2014-03-01
49	QB/T 2049.7—2013	灯用玻壳P型玻壳尺寸系列	2014-03-01
50	QB/T 2049.8—2013	灯用玻壳R型玻壳尺寸系列	2014-03-01
51	QB/T 2049.9—2013	灯用玻壳T型玻壳尺寸系列	2014-03-01
52	QB/T 2274—2013	电光源产品的分类和型号命名方法	2014-03-01
53	QB/T 2513—2013	电光源用玻壳通用技术条件	2014-03-01

续 表

序号	标准号	标准名称	实施日期
54	QB/T 2514—2013	电光源用玻璃管和玻璃杆	2014−03−01
55	QB/T 4540—2013	超高压短弧汞灯	2014−03−01
56	QB/T 4541—2013	免焊螺口式灯头 技术要求	2014−03−01
57	SN/T 3325.2—2013	进出口照明器具检验规程 第2部分：普通照明用LED模块	2014−03−01
58	SN/T 3325.1—2012	进出口照明器具检验规程 第1部分：LED光源	2013−07−01
59	SN/T 3326.1—2012	进出口照明器具检验技术要求 第1部分：自镇流荧光灯的能效	2013−07−01
60	SN/T 3326.3—2012	进出口照明器具检验技术要求 第3部分：双端荧光灯的能效	2013−07−01
61	QB/T 4438—2012	民用机场接地带灯具	2013−06−01
62	QB/T 4439—2012	民用机场进近灯具	2013−06−01
63	QB/T 4440—2012	民用机场跑道中线灯具	2013−06−01
64	QB/T 4352—2012	高压钠灯预置功率用限流电抗器	2013−03−01
65	QB/T 4353—2012	高强度气体放电灯 特高触发脉冲电压测试方法	2013−03−01
66	SN/T 1588.10—2012	进出口灯具检验规程 第10部分：金属卤化物灯的能效	2012−11−16
67	HJ 2518—2012	环境标志产品技术要求 照明光源	2012−10−1
68	CJ/T 361—2011	水景用发光二极管（LED）灯	2011−08−01
69	QB/T 4145—2010	仪器灯泡 第4部分：单色低压钠灯	2011−04−01
70	QB/T 4146—2010	风光互补供电的LED道路和街路照明装置	2011−04−01
71	QB/T 1114—2010	高压氙灯管	2010−10−01
72	QB/T 4057—2010	普通照明用发光二极管 性能要求	2010−10−01
73	QB/T 4058—2010	彩色金属卤化物灯	2010−10−01
74	QB/T 4060—2010	植物生长放电灯（荧光灯除外）	2010−10−01
75	MT/T 1092—2008	矿灯用LED及LED光源组技术条件	2010−07−01
76	QB/T 2988—2008	紫外线高压汞灯管	2008−12−01
77	QB/T 2989—2008	紫外线高压汞灯紫外辐照度及电参数测量方法	2008−12−01
78	QB/T 1116.3—2008	仪器灯泡 氘灯	2008−07−01
79	QB/T 2050—2008	自镇流荧光高压汞灯	2008−07−01
80	QB/T 2054—2008	局部照明灯泡	2008−07−01
81	QB/T 2275—2008	镇流器型号命名方法	2008−07−01

序号	标准号	标准名称	实施日期
82	QB/T 2939—2008	家用及类似电器照明用灯泡	2008–07–01
83	QB/T 2940—2008	照明电器产品中有毒有害物质的限量要求	2008–07–01
84	QB/T 2941—2008	高压钠灯用预置功率电感镇流器	2008–07–01
85	QB/T 2942—2008	氖灯	2008–07–01
86	QB/T 2943—2008	碘镓灯	2008–07–01
87	QB/T 2944—2008	植物生长用荧光灯	2008–07–01
88	QB/T 2905—2007	灯具型号命名规则	2008–06–01
89	QB/T 1116.1—2007	仪器灯泡 白炽仪器灯泡	2008–03–01
90	QB/T 1116.2—2007	仪器灯泡 仪器卤钨灯泡	2008–03–01
91	QB/T 2878—2007	灯用附件 放电灯（荧光灯除外）用直流或交流电子镇流器 性能要求	2008–03–01
92	SN/T 1588.4—2007	进出口灯具检验规程 第 4 部分：节日灯饰	2007–10–16
93	SN/T 1588.5—2007	进出口灯具检验规程 第 5 部分：双端荧光灯	2007–10–16
94	QB/T 2871—2007	单端无极荧光灯用交流电子镇流器	2007–08–01
95	QB/T 2057—2006	红外线灯泡	2006–02–01
96	QB/T 2055—2005	装饰灯泡	2006–05–01
97	HJ/T 232—2006	环境标志产品技术要求 管形荧光灯镇流器	2006–03–01
98	CCEC/T 07.1—2005	高压钠灯泡用镇流器节能产品认证技术要求	2005–05–01
99	CCEC/T 07.2—2005	高压钠灯泡用镇流器交流电子镇流器一般要求、安全要求和性能要求	2005–05–01
100	SH/T 3027—2003	石油化工企业照度设计标准	2004–07–01
101	WH/T 41—2011	舞台灯具通用技术条件	2011–06–01
102	HB 7294—1996	飞机用白炽灯泡通用规范	1996–10–01